新

보보고

步 步 高

중국어 초급

시사중국어사

초판인쇄	2019년 6월 10일
초판발행	2019년 6월 20일
저자	程相文, 김준헌
책임 편집	하다능, 가석빈, 高霞, 최미진, 박소영
펴낸이	엄태상
내지디자인	박경미
표지디자인	권진희
조판	이서영
콘텐츠 제작	김선웅, 최재웅
마케팅	이승욱, 오원택, 전한나, 왕성석
온라인 마케팅	김마선, 김제이, 유근혜
경영기획	마정인, 조성근, 박현숙, 김예원, 전태준, 오희연
물류	유종선, 정종진, 최진희, 윤덕현
펴낸곳	시사중국어사(시사북스)
주소	서울시 종로구 자하문로 300 시사빌딩
주문 및 교재 문의	1588-1582
팩스	(02)3671-0500
홈페이지	http://www.sisabooks.com
이메일	book_chinese@sisadream.com
등록일자	1988년 2월 13일
등록번호	제1 – 657호

ISBN 979-11-5720-152-5(14720)
　　　　979-11-5720-142-6(set)

　　최근 중국어 학습자의 급속한 증가와 더불어 각종 유형의 중국어 교재 역시 봇물을 이루고 있습니다. 그렇지만, 어떤 외국어라도 제대로 배우고자 한다면 반드시 말하기, 듣기, 읽기, 쓰기 이 네 가지 능력을 갖추어야 한다는 사실 또한 부정할 수 없습니다.

　　이 책은 중국어의 말하기, 듣기, 읽기, 쓰기의 네 영역을 골고루 향상시키는 것을 목표로, 중국어 학습자들이 범하기 쉬운 오류 교정에 초점을 맞추어 만든 교재입니다. 무엇보다, 중국 현지에서 수년간 한국 학생들을 비롯하여 외국인들을 지도했던 교수진이, 그동안의 강의 경험을 통하여 얻은 노하우로 한국 학생들이 무엇을 어려워하는지 또한 그 해결책이 무엇인지를 명쾌하게 제시하고 있습니다.

　　본 교재의 특징은 다음과 같습니다.

① 　한국에서 중국어를 학습하는 학습자들을 주요 대상으로 삼고 있으며, 발음과 어법 부분은 학습자가 틀리기 쉬운 내용에 중점을 두었습니다.

② 　본문은 실제 생활과 밀접한 실용적인 내용들로 구성하였기에, 학습자들이 학습한 내용을 실생활에 즉시 응용할 수 있습니다.

③ 　이전 과에서 학습한 문형을 반복적으로 등장시켜서 학습자들이 자연스럽게 복습할 수 있습니다.

④ 　단순 반복형 문제가 아닌 난이도에 따른 맞춤형 문제로 구성된 워크북은 말하기, 듣기, 읽기, 쓰기의 네 영역을 동시에 향상시킬 수 있습니다.

　　중국어를 처음 접한 후 혼란으로 가득 찬 여러분들이 본 교재를 통해 더욱 쉽고 효율적으로 중국어를 학습하여, 중국인과의 교류에 적극적으로 활용하길 바랍니다. 아울러, 당장 가시적인 성과가 나타나지 않더라도 이 책으로 학습한 여러분이 중국어와 친숙해지고 자신감을 회복하는 계기가 된다면, 그것만으로도 절반의 성공이라 생각합니다.

이 책의 구성

학습내용 및 단어

학습내용을 미리 살펴보며 핵심 내용을 한눈에 도장 쾅!

단계별 난이도를 고려한 각 과의 필수 어휘를 통해 감각을 익힙니다. 본문 페이지와 단어 페이지가 따로 분리되어 있어 단어 암기에 더욱 효율적입니다.

본문

중국에서 유학하고 있는 주인공들이 펼치는 유쾌한 생활 스토리를 통해 중국어 회화 실력도 높이고 문법 기초도 탄탄하게 쌓아보세요!

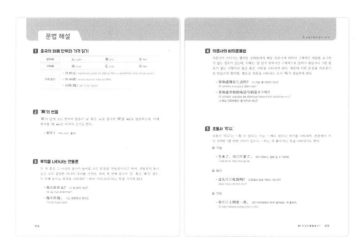

문법 해설

본문 회화에서 핵심이 되는 문법 내용을 알차게 모았습니다. 맥락을 짚은 해설과 적절한 예문을 통해 본문 내용을 200% 이해할 수 있습니다.

문형 연습

문형의 핵심 틀만 파악하면 다양한 상황에서 활용할 수 있습니다. 주어진 어휘로 새로운 문장을 만들어보며 중국어 핵심 문형을 내 것으로!

중국 문화이야기

우리나라와 닮은 듯 다른 중국! 중국 문화를 알면 중국어를 더욱 재미있게 배울 수 있겠죠?

워크북

본 교재의 알짜배기 학습 코너! 다양한 유형의 문제를 난이도에 맞춰서 정리했습니다. 외국어는 직접 말하고, 듣고, 읽고, 써 봐야 실력이 늘죠! 본 책에서 배운 내용을 복습하며 진짜 자신의 것으로 만드세요!

01 今天汇率是多少? 오늘은 환율이 어떻게 되나요?

학습내용

- 중국의 화폐 단위와 가격 읽기
- '啊'의 변음
- 목적을 나타내는 연동문
- 의문사의 비의문용법
- 조동사 '可以'

- 중국어 숫자 읽기
- 시량보어
- 이중목적어를 취하는 동사 '给'
- 중국의 화폐

02 去哪儿剪头发好呢?

Qù nǎr jiǎn tóufa hǎo ne?

학습내용

- 조동사 '该' 구문
- '好呢'의 용법
- 전해들은 말을 할 때의 표현 '听说'

- 대동사 용법의 '来'
- 구조조사 '的'(1)

03 给谁发短信? 누구에게 문자를 보내나요?

학습내용

- 전치사 '给'
- 의문사 '为什么'
- 부사 '还是'

- 조동사 '要'와 동사 '要'
- 수단 · 방법을 나타내는 연동문
- 중국어 입력법

등장인물

林小英

林小英 린샤오잉

한국에서 중국으로 유학 온 현수와 다정이에게 현지 사정을 알기 쉽게 소개해주는 중국인 친구!

李贤秀

李贤秀 이현수

중국으로 유학 온 직딩!
절친인 다정이에게 매일 놀림을 받으면서도 즐겁게 생활하는 쾌활남!

金多情

金多情 김다정

현수와 마찬가지로 중국에서 유학 중인 다정!
조금 덤벙거리긴 해도 시원시원하고 유쾌한 성격의 매력녀!

01 今天汇率是多少?

Jīntiān huìlǜ shì duōshao?

오늘은 환율이 어떻게 되나요?

 학습내용

- 중국의 화폐 단위와 가격 읽기
- '啊'의 변음
- 목적을 나타내는 연동문
- 의문사의 비의문용법
- 조동사 '可以'

- 중국어 숫자 읽기
- 시량보어
- 이중목적어를 취하는 동사 '给'
- 중국의 화폐

단어 🎧 01-01

汇率 huìlǜ 명 환율	附近 fùjìn 명 부근, 근처
银行 yínháng 명 은행	哇 wa 조 어기조사
换 huàn 동 바꾸다	钱 qián 명 돈
知道 zhīdào 동 알다	可以 kěyǐ 조동 ~할 수 있다, ~해도 된다
上网 shàng wǎng 동 인터넷에 접속하다	查 chá 동 검색하다, 조사하다
人民币 rénmínbì 명 인민폐	百 bǎi 수 백, 100
美元 měiyuán 명 달러	一会儿 yíhuìr 명 잠시, 잠깐
给 gěi 동 주다	一共 yígòng 부 합계, 모두
块 kuài(=元 yuán) 양 위안 [인민폐 단위]	这儿 zhèr 대 이곳, 여기

본문 1

 01-02

李贤秀　学校附近有银行吗？
　　　　Xuéxiào fùjìn yǒu yínháng ma?

金多情　有哇[2]。你想去做[3]什么？
　　　　Yǒu wa. Nǐ xiǎng qù zuò shénme?

李贤秀　我想去换[3]钱。你知道今天汇率是多少吗[4]？
　　　　Wǒ xiǎng qù huàn qián. Nǐ zhīdào jīntiān huìlǜ shì duōshao ma?

金多情　不知道。你可以[5]上网查一查。
　　　　Bù zhīdào. Nǐ kěyǐ shàng wǎng chá yi chá.

01-03

李贤秀　你好！我想换钱。
Nǐ hǎo! Wǒ xiǎng huàn qián.

职　员　你想换哪国钱？
Nǐ xiǎng huàn nǎ guó qián?

李贤秀　人民币。
Rénmínbì.

职　员　换多少？
Huàn duōshao?

李贤秀　100[6]美元。
Yìbǎi měiyuán.

职　员　请等一会儿[7]。
Qǐng děng yíhuìr.

　　　　先生，给[8]你钱，一共是670块[1]人民币。
Xiānsheng, gěi nǐ qián, yígòng shì liùbǎi qīshí kuài rénmínbì.

문법 해설

1 중국의 화폐 단위와 가격 읽기

문어체	元 yuán	角 jiǎo	分 fēn
구어체	块 kuài	毛 máo	分 fēn
가격 읽기	• 35.89元: sānshíwǔ yuán bā jiǎo jiǔ fēn (= sānshíwǔ diǎn bā jiǔ yuán) • 50.49块: wǔshí kuài sì máo jiǔ (fēn) • 10块(钱): shí kuài (qián)		

2 '啊'의 변음

'啊'의 앞에 오는 한자의 발음이 '-o' 혹은 '-u'로 끝나면 '啊'를 'wa'로 발음하는데, 아예 한자를 '哇 wa'로 바꾸어 쓰기도 한다.

- 好哇! Hǎo wa! 좋아!

3 목적을 나타내는 연동문

두 개 혹은 그 이상의 동사가 술어로 쓰인 문장을 '연동문'이라고 하며, 연동문의 동사들은 모두 동일한 하나의 주어를 가진 다. 특히 첫 번째 동사가 '去' 혹은 '来'인 경우, 두 번째 동사는 목적을 나타내어 '~하러 가다(오다)'라는 뜻을 가지게 된다.

- 你去做什么? 너 뭐 하러 가니?
  Nǐ qù zuò shénme?

- 他来换钱。 그는 환전하러 왔어요.
  Tā lái huàn qián.

4 의문사의 비의문용법

의문사가 쓰이기는 했지만 상대방에게 해당 의문사에 대하여 구체적인 대답을 요구하지 않는 경우가 있는데, 이때는 '잘 알지 못하지만 구체적으로 말하기 힘들거나 그럴 필요가 없는 사항이나 물건 혹은 사람'을 나타내게 된다. 때문에 이런 문장을 의문문으로 만들고자 한다면, 별도로 의문을 나타내는 조사 '吗'가 필요하게 된다.

- 你知道现在几点吗?　너 지금 몇 시인지 아니?
  Nǐ zhīdào xiànzài jǐ diǎn ma?

- 你知道学校的电话号码是多少吗?
  Nǐ zhīdào xuéxiào de diànhuà hàomǎ shì duōshao ma?
  너 학교 전화번호가 몇 번인지 아니?

5 조동사 '可以'

조동사 '可以'는 '~할 수 있다'는 가능, '~해도 된다'는 허가를 나타내며, 본문에서 쓰인 것처럼 '(할 만한 가치가 있으니) ~하는 게 좋다'라는 뜻을 나타내기도 한다.

◎ 가능

- 车来了，可以回家了。　차가 왔으니, 집에 갈 수 있어요.
  Chē lái le, kěyǐ huí jiā le.

◎ 허가

- 这儿可以吃饭吗?　이곳에서 밥을 먹어도 되나요?
  Zhèr kěyǐ chī fàn ma?

◎ 가치

- 你可以上网查一查。　네가 인터넷에서 한번 찾아보는 게 좋겠어.
  Nǐ kěyǐ shàng wǎng chá yi chá.

6 중국어 숫자 읽기

중국어는 '100', '1,000', '10,000' 등을 읽을 때, 숫자 '1'을 읽어주어야 한다.

- 100 : 一百   yìbǎi
- 1,000 : 一千   yìqiān
- 10,000 : 一万   yíwàn

7 시량보어

'시량보어'란 동작의 수행에 걸리는 시간 혹은 상태와 관련된 시간의 길이를 나타내는 보어를 말한다. 목적어가 없거나 생략된 경우 시량보어는 동사의 뒤에 위치하며, 목적어가 있는 경우에는 일반적으로 '동사+목적어+동사+시량보어'의 순으로 표현한다.

목적어가 없는 경우	목적어가 있는 경우
(주어) + 동사 + 시량보어 请等　一会儿。 Qǐng děng yíhuìr. 잠시만 기다려주세요.	주어 + 동사 + 목적어 + 동사 + 시량보어 我　看　电视　看了　一会儿。 Wǒ　kàn　diànshì　kàn le　yíhuìr. 저는 텔레비전을 잠시 봤어요.

8 이중목적어를 취하는 동사 '给'

'给'는 이중목적어, 즉 간접목적어와 직접목적어를 취하여 '~에게 ~을 주다'라는 뜻을 나타낸다.

- 他给我一百块钱。   그가 저에게 100위안을 줬어요.
  Tā gěi wǒ yìbǎi kuài qián.

문형 연습

1 我想去 ___ 。 저는 ~을 하러 가려고 해요. 🎧 01-04
Wǒ xiǎng qù ….

예 我想去 **换钱** 。 저는 환전하러 가려고 해요.
Wǒ xiǎng qù huàn qián.

吃饭
chī fàn

上网
shàng wǎng

休息
xiūxi

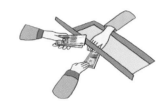

2 你知道 ___ 吗? 당신은 ~을 아세요? 🎧 01-05
Nǐ zhīdào … ma?

예 你知道 **今天汇率是多少** 吗? 당신은 오늘 환율이 어떻게 되는지 아세요?
Nǐ zhīdào jīntiān huìlǜ shì duōshao ma?

她家有几口人
tā jiā yǒu jǐ kǒu rén

今天星期几
jīntiān xīngqī jǐ

중국의 화폐

　중국의 화폐 디자인에는 사회주의 국가이자 다민족 국가라는 중국의 특성이 고스란히 반영되어 있습니다. 화폐라고 하면 대부분 그 나라의 왕, 역사적인 위인, 정치가, 예술가, 과학자 등이 도안의 모델로 등장하는데, 중국의 지폐에 등장하는 역사적인 위인은 단 한 사람 '毛泽东 Máo Zédōng(마오쩌둥)' 뿐입니다. 중국 역사에 명멸했던 수많은 위인들이 있음에도 불구하고, 중국의 지폐에는 액면가가 얼마든 상관없이 마오쩌둥의 초상화만 새겨져 있을 뿐이죠. 물론 고액권일수록 크기가 커지고 색깔도 조금씩 달라지기는 합니다.

　중국의 화폐에 마오쩌둥 이외의 인물이 등장하는 경우도 있습니다. 다만 유명인이 아니라 사회주의를 실천하는 주인공이라는 의미에서 노동자, 농민 등 이름 없는 인민 혹은 소수 민족의 대표가 소액권에 등장할 뿐입니다.

02

去哪儿剪头发好呢?
Qù nǎr jiǎn tóufa hǎo ne?
어디에 가서 머리카락을 자르는 게 좋을까요?

📖 **학습내용**

- 조동사 '该' 구문
- '好呢'의 용법
- 전해들은 말을 할 때의 표현 '听说'

- 대동사 용법의 '来'
- 구조조사 '的'(1)

 단어 🎧 02-01

剪 jiǎn 통 자르다	头发 tóufa 명 머리카락
长 cháng 형 길다	该…了 gāi…le 마땅히 ~해야 한다
可是 kěshì 접 그러나	听说 tīngshuō 통 듣기로는, 듣자 하니
里 lǐ 명 안, 속	家 jiā 양 집 [가게를 세는 단위]
美发店 měifàdiàn 명 미용실	美发师 měifàshī 명 미용사
先 xiān 부 우선, 먼저	什么样儿 shénme yàngr 대 어떠한
发型 fàxíng 명 헤어스타일	但(是) dàn(shì) 접 그러나
要 yào 조동 ~하려고 하다	短 duǎn 형 짧다
(一)点儿 (yì)diǎnr 양 조금, 약간	买 mǎi 통 사다
怎么样 zěnmeyàng 대 어떠하다	

🎧 02-02

李贤秀   我的**⑤**头发长了，该剪了**❶**。
            Wǒ de tóufa cháng le, gāi jiǎn le.

马 林   我也是。可是去哪儿剪好呢**❷**？
            Wǒ yě shì. Kěshì qù nǎr jiǎn hǎo ne?

李贤秀   听说**❸**学校里有家韩国美发店，
            Tīngshuō xuéxiào li yǒu jiā Hánguó měifàdiàn,

            我们去看看吧。
            wǒmen qù kànkan ba.

马 林   好哇。
            Hǎo wa.

🎧 02-03

美发师　请问，你们剪头发吗？
Qǐng wèn, nǐmen jiǎn tóufa ma?

李贤秀　对。
Duì.

美发师　哪位先来❹？
Nǎ wèi xiān lái?

李贤秀　我先来❹吧。
Wǒ xiān lái ba.

美发师　请坐。你要剪什么样儿的？
Qǐng zuò. Nǐ yào jiǎn shénme yàngr de?

李贤秀　跟我现在的❺发型一样，但要短一点儿。
Gēn wǒ xiànzài de fàxíng yíyàng, dàn yào duǎn yìdiǎnr.

문법 해설

1 조동사 '该' 구문

조동사 '该'는 정황상 필요에 의해 '(마땅히) ~해야 한다'라는 뜻을 나타내며, 종종 문장의 끝에 '了'를 동반한다. 원래는 '应该 yīnggāi'라는 두 글자 조동사이지만 '应 yīng'을 생략하여 '该 gāi'만 쓰기도 한다.

- 该起床了。　일어나야 해요.
  Gāi qǐ chuáng le.

- 该吃饭了。　밥을 먹어야 해요.
  Gāi chī fàn le.

2 '好呢'의 용법

의문대명사를 포함하는 구문의 뒤에 '好呢'를 덧붙여서 특정한 문제에 대한 상대방의 의견을 묻는다.

- 我们吃什么好呢?　우리 뭘 먹으면 좋을까요?
  Wǒmen chī shénme hǎo ne?

- 去哪儿买手机好呢?　휴대전화를 사러 어디로 가면 좋을까요?
  Qù nǎr mǎi shǒujī hǎo ne?

3 전해들은 말을 할 때의 표현 '听说'

'听说'는 누군가로부터 전해들은 이야기를 남에게 전달할 때 쓰는 표현으로, 정보의 출처를 밝히고 싶을 때는 '听'과 '说'의 사이에 넣어서 말하면 된다.

- 听说你姐姐很漂亮。　듣자 하니 너희 언니(누나) 예쁘다던데.
  Tīngshuō nǐ jiějie hěn piàoliang.

- 听李先生说你姐姐很漂亮。　리 선생님 말로는 너희 언니(누나) 예쁘다던데.
  Tīng Lǐ xiānsheng shuō nǐ jiějie hěn piàoliang.

4 대동사 용법의 '来'

'来'는 '오다'라는 원래의 뜻 이외에도 구체적인 의미를 가진 다른 동사를 대신하는 용법이 있다.

- **哪位先来?** ['剪 jiǎn(자르다)'을 대신함]
  Nǎ wèi xiān lái?
  어느 분이 먼저 하시나요? (자르시나요?)

- **不客气，我一个人来吧!** ['做 zuò(하다)'를 대신함]
  Bú kèqi, wǒ yí ge rén lái ba!
  별말씀을요, 제가 혼자 할게요!

5 구조조사 '的' (1)

명사의 앞에 해당 명사와 소유 관계에 있는 대명사 혹은 명사가 올 경우, 둘 사이에는 구조조사 '的 de'가 있어야 한다. 이때 수식을 받는 명사가 대화에서 이미 등장한 적이 있다면 생략할 수도 있다.

- **我的发型怎么样?** 내 헤어스타일 어때요?
  Wǒ de fàxíng zěnmeyàng?

- **她的发型跟我的(发型)不一样。** 그녀의 헤어스타일은 저와 달라요.
  Tā de fàxíng gēn wǒ de (fàxíng) bù yíyàng.

문형 연습

1 该　了。　(마땅히) ~해야 해요.
Gāi … le.

🎧 02-04

예 **该 剪 了。**　머리카락을 잘라야 해요.
Gāi jiǎn le.

走
zǒu

起床
qǐ chuáng

去看电影
qù kàn diànyǐng

2 哪位先　？　어느 분이 먼저 ~하나요?
Nǎ wèi xiān …?

🎧 02-05

예 **哪位先 来？**　어느 분이 먼저 하시나요?
Nǎ wèi xiān lái?

说
shuō

剪
jiǎn

问
wèn

03 给谁发短信?

Gěi shéi fā duǎnxìn?

누구에게 문자를 보내나요?

 학습내용

- 전치사 '给'
- 의문사 '为什么'
- 부사 '还是'

- 조동사 '要'와 동사 '要'
- 수단·방법을 나타내는 연동문
- 중국어 입력법

단어 🎧 03-01

给 gěi 전 ~에게

短信 duǎnxìn 명 문자메시지

为什么 wèi shénme 왜, 무엇 때문에

邮局 yóujú 명 우체국

封 fēng 명 통 [편지를 세는 단위]

图书馆 túshūguǎn 명 도서관

张 zhāng 명 장 [종이·책상 등과 같이 평평하고 면적이 있는 물건을 세는 단위]

邮票 yóupiào 명 우표

不用 búyòng 부 ~할 필요 없다

部 bù 명 대 [기계나 차량을 세는 단위]

家人 jiārén 명 가족

发 fā 동 (E-mail·문자메시지 등을) 보내다

干 gàn 동 ~하다

还是 háishi 부 ~하는 편이 (더) 좋다

寄 jì 동 (편지 등을) 부치다

信 xìn 명 편지

帮 bāng 동 돕다

毛 máo (= 角 jiǎo) 명 마오 [인민폐 단위]

用 yòng 동 쓰다, 사용하다

手写 shǒuxiě 동 손으로 쓰다

单人间 dānrénjiān 명 1인실

03-02

金多情　贤秀，你在干什么呢？
　　　　Xiánxiù, nǐ zài gàn shénme ne?

李贤秀　我在发短信呢。
　　　　Wǒ zài fā duǎnxìn ne.

金多情　给[1]谁发短信？
　　　　Gěi shéi fā duǎnxìn?

李贤秀　给[1]我妈妈。
　　　　Gěi wǒ māma.

金多情　为什么[2]不打电话呢？
　　　　Wèi shénme bù dǎ diànhuà ne?

李贤秀　还是[3]发短信好。
　　　　Háishi fā duǎnxìn hǎo.

🎧 03-03

林小英　贤秀，你要❹去哪儿？
Xiánxiù, nǐ yào qù nǎr?

李贤秀　我要去邮局寄封信。你去吗？
Wǒ yào qù yóujú jì fēng xìn. Nǐ qù ma?

林小英　我不去。我要去图书馆。
Wǒ bú qù. Wǒ yào qù túshūguǎn.

　　　　你帮我买几张邮票吧。❺
Nǐ bāng wǒ mǎi jǐ zhāng yóupiào ba.

李贤秀　你要❹什么样儿的？
Nǐ yào shénme yàngr de?

林小英　十张八毛的。给你钱。
Shí zhāng bā máo de. Gěi nǐ qián.

李贤秀　不用。先用我的吧。
Búyòng. Xiān yòng wǒ de ba.

문법 해설

1 전치사 '给'

'~에게'라는 뜻의 전치사 '给'는 뒤에 전화, 편지 등의 전달 대상이나 물건의 수취인을 표시한다.

- 给他打电话吧!　그에게 전화해요!
  Gěi tā dǎ diànhuà ba!

- 爸爸给我买了一部手机。　아버지께서 저에게 휴대전화를 사주셨어요.
  Bàba gěi wǒ mǎi le yí bù shǒujī.

2 의문사 '为什么'

'왜'라는 뜻의 의문사로, 주로 원인, 이유, 목적 등을 묻는다.

- 你为什么现在吃饭?　당신은 왜 지금 밥을 먹나요?
  Nǐ wèi shénme xiànzài chī fàn?

- 你为什么不喝咖啡?　당신은 왜 커피를 마시지 않나요?
  Nǐ wèi shénme bù hē kāfēi?

3 부사 '还是'

비교 혹은 선택을 통해서 좀 더 나은 쪽을 가리킬 때 쓰인다.

- **我不喝咖啡。还是喝茶好。** 저는 커피를 안 마실래요. 차를 마시는 게 더 좋겠어요.
  Wǒ bù hē kāfēi. Háishi hē chá hǎo.

- **你去？还是我去吧。** 당신이 간다고요? 아무래도 제가 가는 게 낫겠어요.
  Nǐ qù? Háishi wǒ qù ba.

4 조동사 '要'와 동사 '要'

◉ 조동사 '要'

'~하려고 하다', '~할 생각이다'라는 뜻으로, 동사 앞에 쓰여 주로 말하는 사람의 의지 혹은 바람을 나타낸다.

주어 +	조동사 +	동사 +	목적어
我	要	去	北京。
Wǒ	yào	qù	Běijīng.

저는 베이징에 가려고 해요.

◉ 동사 '要'

'~을 원하다' 혹은 '~을 필요로 하다'라는 뜻으로, 뒤에 일반적인 명사를 목적어로 가진다.

주어 +	동사 +	목적어
我	要	一张韩国邮票。
Wǒ	yào	yì zhāng Hánguó yóupiào.

저는 한국 우표 한 장을 원해요.

5 수단·방법을 나타내는 연동문

연동문의 첫 번째 동사가 두 번째 동사의 동작을 하기 위한 수단이나 방법 혹은 상황 등을 나타내는 패턴이다.

주어	+ 동사1	+ 목적어1	+ 동사2	+ 목적어2	
我 Wǒ	用 yòng	铅笔 qiānbǐ	写 xiě	字。 zì.	저는 연필로 글자를 써요.
我姐姐 Wǒ jiějie	帮 bāng	我 wǒ	写 xiě	作业。 zuòyè.	우리 언니(누나)는 저를 도와서 숙제를 해줘요.

문형 연습

03-04

1 **你给谁　？** 당신은 누구에게 ~하나요?
Nǐ gěi shéi …?

예 **你给谁 发短信？** 당신은 누구에게 문자메시지를 보내나요?
Nǐ gěi shéi fā duǎnxìn?

写信
xiě xìn

买礼物
mǎi lǐwù

发E-mail
fā E-mail

03-05

2 **还是　。** ~은 (아무래도) ~하는 것이 더 나아요.
… háishi ….

예 **写信 还是 手写好。** 편지는 아무래도 손으로 쓰는 게 더 나아요.
Xiě xìn háishi shǒu xiě hǎo.

我　　　　　喝咖啡
Wǒ　　　　　hē kāfēi

我们　　　　去中国银行
Wǒmen　　　qù Zhōngguó Yínháng

중국어 입력법

Windows의 IME 패드에 커서를 두고 오른쪽 버튼을 눌러 메뉴의 '설정'을 선택하면, '텍스트 서비스 및 입력 언어' 항목이 보입니다. 여기에서 '중국어(간체)'를 선택하여 '추가' 버튼을 클릭하면 IME 패드에 중국어 항목이 추가됩니다.

유료와 무료를 포함하면 우리가 사용할 수 있는 많은 종류의 중국어 입력방법이 있지만, 제일 일반적인 것은 필요한 단어의 병음을 하나하나 전부 입력하는 '全拼 quánpīn'이라고 하는 입력방법입니다. 예를 들어 '韩国'라는 단어를 입력하고 싶다면, 키보드에서 'hanguo'라고 모든 알파벳을 하나하나 다 입력하는 방식입니다.

최근에는 키보드를 치는 횟수를 줄인 각종 입력법이 등장하고 있습니다. 예를 들면, 'hk'만 쳐도 '韩国' 혹은 'h'와 'k'로 이루어진 2음절 단어 후보들이 선택창에 바로 등장하는 식입니다. 다만, 중국어 학습자들에게는 발음을 익힌다는 의미에서 '全拼 quánpīn' 입력법의 사용을 적극 추천합니다. 또한, 각종 중국어 입력법에서 키보드에 없는 'ü'음은 알파벳 'v'로 대체한다는 점을 꼭 기억하세요!

04 冬天快要到了。
Dōngtiān kuàiyào dào le.
곧 겨울이 오려고 해요.

📖 학습내용

- 미래를 나타내는 '快要…了'
- 구조조사 '的'(2)
- 동시 존재의 강조 '又…又…'

단어 🎧 04-01

冬天 dōngtiān 명 겨울	快要…了 kuàiyào…le 곧 ~할 것이다
件 jiàn 양 건, 벌 [일이나 옷 등을 세는 단위]	羽绒服 yǔróngfú 명 오리털 패딩
衣服 yīfu 명 옷	穿 chuān 동 입다
这样 zhèyàng 대 이렇게, 이런	地方 dìfang 명 곳, 장소
多 duō 형 많다	好看 hǎokàn 형 예쁘다, 보기 좋다
便宜 piányi 형 싸다, 저렴하다	清楚 qīngchu 형 분명하다 동 알다
带 dài 동 인솔하다, 가지다	
又…又… yòu…yòu… ~하기도 하고 ~하기도 하다	
一定 yídìng 부 반드시, 꼭	满意 mǎnyì 형 만족하다

🎧 04-02

李贤秀 **冬天快要到了[1]，我想去买件羽绒服。**
Dōngtiān kuàiyào dào le, wǒ xiǎng qù mǎi jiàn yǔróngfú.

金多情 **我也想买，我们一起去吧。**
Wǒ yě xiǎng mǎi, wǒmen yìqǐ qù ba.

李贤秀 **去哪儿买好呢？**
Qù nǎr mǎi hǎo ne?

金多情 **我们去问问小英吧。**
Wǒmen qù wènwen Xiǎoyīng ba.

04-03

金多情　小英，我们想买衣服，你看去哪儿买好呢？
Xiǎoyīng, wǒmen xiǎng mǎi yīfu, nǐ kàn qù nǎr mǎi hǎo ne?

林小英　这样的地方太多了。你们想买什么衣服？
Zhèyàng de dìfang tài duō le. Nǐmen xiǎng mǎi shénme yīfu?

李贤秀　冬天穿的❷羽绒服。
Dōngtiān chuān de yǔróngfú.

林小英　我知道一个地方，那儿的衣服又好看又❸便宜。
Wǒ zhīdào yí ge dìfang, nàr de yīfu yòu hǎokàn yòu piányi.

金多情　在哪儿？
Zài nǎr?

林小英　你们不清楚。还是我带你们去吧。
Nǐmen bù qīngchu. Háishi wǒ dài nǐmen qù ba.

金多情　太好了。
Tài hǎo le.

문법 해설

1 미래를 나타내는 '快要…了'

'快要…了'와 '就要…了'는 둘 다 '곧 ~할 것이다'라는 뜻으로, 가까운 시간 내에 어떤 동작이나 현상이 발생할 것임을 나타낸다.

- 冬天快要到了。　곧 겨울이 오려고 해요.
  Dōngtiān kuàiyào dào le.

- 她就要到了，你等一会儿吧。　그녀는 곧 도착해요. 당신이 조금만 기다려요.
  Tā jiùyào dào le, nǐ děng yíhuìr ba.

다만, '就要…了'의 앞에는 시간과 관련된 단어를 쓸 수 있으나, '快要…了'에는 사용할 수 없다.

- ○ 他明天就要到了。　그는 내일 곧 도착해요.
  Tā míngtiān jiùyào dào le.

- × 他明天快要到了。
  Tā míngtiān kuàiyào dào le.

2 구조조사 '的' (2)

명사의 앞에 해당 명사를 직접 수식하는 동사(구), 형용사(구), 혹은 절이 올 때, 수식 구문과 명사의 사이에는 구조조사 '的 de'가 있어야 한다.

◎ 형용사구 + 的 + 명사

- 今天是很忙的一天。　　오늘은 바쁜 하루예요.
  Jīntiān shì hěn máng de yì tiān.

◎ 동사구 + 的 + 명사

- 这是妈妈给我的衣服。　　이것은 엄마가 저에게 주신 옷이에요.
  Zhè shì māma gěi wǒ de yīfu.

3 동시 존재의 강조 '又…又…'

'又…又…' 패턴을 사용하여 두 종류의 상태, 현상, 모습 등이 동시에 존재함을 강조하는 표현이다.

- 她又聪明又漂亮。　　그녀는 똑똑하고 예뻐요.
  Tā yòu cōngming yòu piàoliang.
- 教学楼又高又大。　　강의동은 높고 커요.
  Jiàoxué lóu yòu gāo yòu dà.

문형 연습

1 □□□ **快要** □□□ **了。**　～이 곧 ～하려고 해요.　🎧 04-04

··· kuàiyào ··· le.

예 **冬天 快要 到 了。**　겨울이 곧 오려고 해요.

Dōngtiān kuàiyào dào le.

小英的生日
Xiǎoyīng de shēngrì

她
Tā

到
dào

去上海
qù Shànghǎi

2 □□□ **的** □□□　～인(～한) ～　🎧 04-05

··· de ···

예 **冬天穿 的 羽绒服**　겨울에 입는 오리털 패딩

dōngtiān chuān de yǔróngfú

弟弟写
dìdi xiě

他朋友用
tā péngyou yòng

作业
zuòyè

手机
shǒujī

05 今天你要请客吗?

Jīntiān nǐ yào qǐng kè ma?

오늘 당신이 한턱내는 거예요?

📖 학습내용

- 적극적인 동작의 '来'
- 단시간에 이루어지는 동작을 강조하는 '一下(儿)'
- 양사 '(一)点儿'
- 선택의문문 '还是'
- 대표적인 중국 요리
- "오늘은 내가 쏠게!"

단어 🎧 05-01

请客 qǐng kè 동 한턱내다	周末 zhōumò 명 주말	饭馆儿 fànguǎnr 명 식당
行 xíng 형 좋다, 괜찮다	问题 wèntí 명 문제	付 fù 동 지불하다
一下(儿) yíxià(r) 양 한번 [단시간에 이루어지는 동작을 강조함]		
服务员 fúwùyuán 명 종업원	菜单 càidān 명 메뉴	随便 suíbiàn 부 마음대로
点 diǎn 동 주문하다	每 měi 대 모든, 매	菜 cài 명 음식, 요리
啤酒 píjiǔ 명 맥주	还是 háishi 접 또는, 아니면 [의문문에 쓰여 선택을 나타냄]	
饮料 yǐnliào 명 음료	瓶 píng 양 병 [병에 담긴 것을 세는 단위]	
稍 shāo 부 잠시	挂钟 guàzhōng 명 괘종시계	敲 qiāo 동 치다, 때리다

고유 명사

锅巴汤 guōbā tāng 요리 궈바탕(누룽지탕)

京酱肉丝 jīngjiàng ròusī 요리 징장러우쓰(경장육사)

铁板牛柳 tiěbǎn niúliǔ 요리 티에반 니우리우(철판 소고기)

05-02

金多情　今天你想吃什么?
Jīntiān nǐ xiǎng chī shénme?

李贤秀　今天是周末，我们去饭馆儿吃吧。
Jīntiān shì zhōumò, wǒmen qù fànguǎnr chī ba.

金多情　今天你要请客吗?
Jīntiān nǐ yào qǐng kè ma?

李贤秀　哈哈! 行，没问题。我来❶付钱。
Hāhā! Xíng, méi wèntí. Wǒ lái fù qián.

你去叫一下儿❷小英吧。
Nǐ qù jiào yíxiàr Xiǎoyīng ba.

🎧 05-03

服务员   这是菜单，你们要点儿什么？
Zhè shì càidān, nǐmen yào diǎnr shénme?

李贤秀   小英、多情，你们看看，随便点。
Xiǎoyīng、Duōqíng, nǐmen kànkan, suíbiàn diǎn.

林小英   我们每个人点一个菜吧。我点锅巴汤。
Wǒmen měi ge rén diǎn yí ge cài ba. Wǒ diǎn guōbā tāng.

金多情   我要京酱肉丝。
Wǒ yào jīngjiàng ròusī.

李贤秀   我来铁板牛柳。喝点儿❸什么？啤酒还是❹饮料？
Wǒ lái tiěbǎn niúliǔ. Hē diǎnr shénme? Píjiǔ háishi yǐnliào?

金多情   啤酒吧。
Píjiǔ ba.

林小英   好，来两瓶啤酒。
Hǎo, lái liǎng píng píjiǔ.

服务员   请稍等。
Qǐng shāo děng.

문법 해설

1 적극적인 동작의 '来'

'来'는 다른 동사의 앞에 쓰어서 해당 동사의 동작을 적극적으로 수행한다는 주어의 의지를 나타낸다.

- **我来说两句。** 제가 두 마디만 말할게요.
  Wǒ lái shuō liǎng jù.

- **我来帮你吧。** 제가 당신을 도와줄게요.
  Wǒ lái bāng nǐ ba.

2 단시간에 이루어지는 동작을 강조하는 '一下(儿)'

양사에는 명사의 개수를 세는 '명량사'와 동사의 동작 횟수를 세는 '동량사'가 있다. '下'는 짧은 시간 동안 행해지는 동작의 횟수를 세는 동량사로 작용할 때는 다양한 숫자와 함께 쓸 수 있지만, '단시간에 이루어지는 동작'을 강조할 때는 '一下(儿)'의 형태로만 쓰인다.

- **等一下。** 잠시 기다리세요.
  Děng yíxià.

- **你说一下。** 당신이 한번 말해 보세요.
  Nǐ shuō yíxià.

- **挂钟敲了五下。** 괘종시계가 다섯 번 쳤어요.
  Guàzhōng qiāo le wǔ xià.

3 양사 '(一)点儿'

'一点儿'은 명사 앞에 쓰여 해당 명사의 개수가 상당히 적음을 나타내는 양사이다. 문장의 맨 앞에 쓰이는 것이 아니라면 구어체에서는 일반적으로 '一'를 생략할 수 있다.

- 你吃(一)点儿吧。　좀 드세요.
  Nǐ chī (yì)diǎnr ba.

- 我想喝(一)点儿咖啡。　저는 커피를 좀 마시고 싶어요.
  Wǒ xiǎng hē (yì)diǎnr kāfēi.

4 선택의문문 '还是'

'(是)…还是…'의 패턴으로 두 개(간혹 그 이상)의 선택지를 제시하여 상대방에게 선택하도록 하는 선택의문문을 만들 수 있다.

- 你去还是他去?　당신이 가나요, 아니면 그가 가나요?
  Nǐ qù háishi tā qù?

- 今天是星期六还是星期天?　오늘은 토요일인가요, 아니면 일요일인가요?
  Jīntiān shì xīngqīliù háishi xīngqītiān?

- 你喝啤酒还是喝咖啡?　당신은 맥주를 마시나요, 아니면 커피를 마시나요?
  Nǐ hē píjiǔ háishi hē kāfēi?

■ 대표적인 중국 요리

锅巴汤 궈바탕(누룽지탕)
guōbā tāng

쑤저우의 전통적인 음식인 궈바탕은 구수한 누룽지에 중국식 해물 소스를 넣어 만든 요리로 한국인에게도 친숙한 음식이다. 팬에 우선 파와 마늘을 볶아서 향을 낸 후에 버섯과 새우, 죽순 등을 넣고 볶는다. 그렇게 어느 정도 볶은 다음 튀긴 누룽지와 고추를 넣고 걸쭉하게 만든 소스와 함께 살짝 끓여서 먹는다.

京酱肉丝 징장러우쓰(경장육사)
jīngjiàng ròusī

징장러우쓰는 베이징 전통 요리로, 돼지고기를 채 썰어 톈미앤장(甜面酱)에 볶은 후에 파, 양파, 당근 등 채소와 함께 얇은 두부피에 싸먹는 요리이다. 한국인에게 많이 알려져 있으며 싸먹는 재미가 있다.

铁板牛柳 티에반 니우리우(철판 소고기)
tiěbǎn niúliǔ

안심을 얇게 썰어 양념한 후에 저며두고, 고추, 양파, 샐러리를 썰어서 기름을 넣고 함께 철판에 볶은 요리이다. 일본의 철판 요리와 비슷하며, 맛뿐만 아니라 요리 과정 자체도 매우 흥미롭다.

문형 연습

1 你们　点儿什么? 여러분은 무엇을 좀 ~하고 싶나요? 🎧 05-04
Nǐmen ··· diǎnr shénme?

예 你们 **要** 点儿什么? 여러분은 무엇을 좀 원하나요?
Nǐmen yào diǎnr shénme?

喝
hē

买
mǎi

带
dài

2 你　还是　? 당신은 ~인가요, 아니면 ~인가요? 🎧 05-05
Nǐ ··· háishi ···?

예 你 **喝啤酒** 还是 **饮料**? 당신은 맥주를 마시나요, 아니면 음료를 마시나요?
Nǐ hē píjiǔ háishi yǐnliào?

去银行
qù yínháng

是贤秀
shì Xiánxiù

邮局
yóujú

多情
Duōqíng

"오늘은 내가 쏠게!"

친구들끼리 모였을 때나 직장 동료들의 회식 자리에서 서로 돈을 내겠다고 다투는 장면을 종종 목격할 수 있습니다. 중국의 식당에서도 비슷한 상황이 발생합니다. 그 때 귀 기울여 잘 들어 보면, '今天我请客! Jīntiān wǒ qǐng kè!(오늘은 내가 쏠게!)'라 며 서로 외치는 소리가 들려올 것입니다. 누군가의 초대를 받아서 식사 자리에 가는 경우, 초대한 당사자가 그날의 비용을 부담하는 것이 중국에서도 일반적이지만 그렇 지 않은 경우에는 서로 내겠다는 작은 소동이 벌어지기도 합니다.

최근에는 더치페이도 많이 하는 추세입니다. 특히 현금을 사용하지 않고 위챗과 같은 스마트폰의 전자결제 기능이 생활 전반에 널리 보급된 점이 큰 이유라고 볼 수 있습니다. 위챗의 경우, 계산서의 청구액을 회식에 참가한 인원수대로 나눈 다음 각 개인의 휴대전화로 개별 청구하는 기능이 있어서 더치페이를 하기에 상당히 편리합 니다.

이런 식의 '더치페이'를 중국에서는 'AA制 AA zhì'라고 합니다. 'AA'가 무엇 의 약자인지에 대해서는 여러 가지 설이 있는데, 영어 'each each'의 줄임말이 라는 설과, 대문자 'A'가 사람의 모습과 비슷하기 때문에 두 사람이 따로 서있 는 모습을 빌려서 더치페이를 나타내 게 되었다는 설이 가장 유력합니다.

06 你哪儿不舒服?

Nǐ nǎr bù shūfu?

당신 어디가 불편하세요?

학습내용

- 불만 표시의 '怎么'와 '什么'
- '有点儿'과 '(一)点儿'의 비교
- 의미상의 가정문
- 정도보어로 쓰이는 '多'
- 중국의 음식문화

단어 🎧 06-01

舒服 shūfu 형 편하다, 안락하다	怎么 zěnme 대 왜, 어째서
还 hái 부 또, 더, 아직	有点儿 yǒudiǎnr 부 약간, 조금
请假 qǐng jià 통 휴가를 신청하다	肚子 dùzi 명 배 [신체 부위]
疼 téng 형 아프다	要紧 yàojǐn 형 심하다, 심각하다
医院 yīyuàn 명 병원	躺 tǎng 통 눕다
那 nà 접 그렇다면, 그러면	好好儿 hǎohāor 부 잘, 충분히
午饭 wǔfàn 명 점심	趁 chèn 전 (때·기회를) 이용해서
热 rè 형 덥다, 뜨겁다	麻烦 máfan 통 번거롭게 하다
好吃 hǎochī 형 맛있다	病 bìng 명 병

06-02

金多情　贤秀，要上课了，怎么❶还不起床？
Xiánxiù, yào shàng kè le, zěnme hái bù qǐ chuáng?

李贤秀　我有点儿❷不舒服，你帮我请个假吧。
Wǒ yǒudiǎnr bù shūfu, nǐ bāng wǒ qǐng ge jià ba.

金多情　你哪儿不舒服？
Nǐ nǎr bù shūfu?

李贤秀　我肚子有点儿疼。
Wǒ dùzi yǒudiǎnr téng.

金多情　要紧吗？要不要去医院？
Yàojǐn ma? Yào bu yào qù yīyuàn?

李贤秀　不要紧。躺一会儿就好了。❸
Bú yàojǐn. Tǎng yíhuìr jiù hǎo le.

金多情　那你好好儿休息吧。
Nà nǐ hǎohāor xiūxi ba.

🎧 06-03

金多情　贤秀，好点儿❷了吗？
Xiánxiù, hǎo diǎnr le ma?

李贤秀　好多了❹。
Hǎo duō le.

金多情　这是给你买的午饭，趁热吃吧。
Zhè shì gěi nǐ mǎi de wǔfàn, chèn rè chī ba.

李贤秀　麻烦你了。
Máfan nǐ le.

金多情　麻烦什么❶。
Máfan shénme.

문법 해설

1 불만 표시의 '怎么'와 '什么'

의문사 '怎么'와 동사 사이에 다른 성분이 삽입되어 있다면, '의문'을 나타내는 것이 아니라 '불만'을 나타낸다.

- **你怎么不吃饭?**　당신은 어째서 밥을 먹지 않나요?
  Nǐ zěnme bù chī fàn?

의문사 '什么' 역시 동사나 형용사의 뒤에 쓰어서 의문이 아니라 '불만', '반발', '반론' 등을 나타낼 수 있다.

◉ 동사+'什么'

- **你哭什么!**　너 울긴 왜 울어!
  Nǐ kū shénme!

◉ 형용사+'什么'

- **你忙什么!**　네가 바쁘긴 뭐가 바빠!
  Nǐ máng shénme!

2 '有点儿'과 '(一)点儿'의 비교

'有点儿'과 '(一)点儿'은 '조금'이란 뜻을 가지고 있다는 점에서 서로 비슷하지만 그 쓰임이 다르다. '有点儿'은 뒤에 부정적인 뜻을 가진 형용사나 동사를 동반하여 말하는 사람의 불만, 부정적인 느낌을 나타낸다. 그러나 '(一)点儿'은 중립적인 표현으로, 비교하는 의미에서 '약간', '조금'이라는 뜻을 나타낼 뿐이다.

○ '有点儿'의 쓰임

- 我有点儿不舒服。　저는 몸이 조금 불편해요.
  Wǒ yǒudiǎnr bù shūfu.

- 我有点儿累了。　저는 조금 피곤해요.
  Wǒ yǒudiǎnr lèi le.

○ '一点儿'의 쓰임

- 她的头发长一点儿。　그녀의 머리카락이 조금 길어요.
  Tā de fóufa cháng yìdiǎnr.

- 我的个子高一点儿。　제 키가 조금 커요.
  Wǒ de gèzi gāo yìdiǎnr.

3 의미상의 가정문

중국어에는 '如果 rúguǒ(만약)'와 같은 가정문을 이끄는 연결사가 있기는 하지만, 문맥의 흐름으로 볼 때 가정문임이 분명할 경우에는 연결사를 사용하지 않아도 된다.

- (如果)休息一会儿就好了。　좀 쉬면 좋아질 거예요.
  (Rúguǒ) xiūxi yíhuìr jiù hǎo le.

- (如果)明天下雨，我不去你家了。　내일 비가 온다면 저 당신 집에 안 갈 거예요.
  (Rúguǒ) míngtiān xià yǔ, wǒ bú qù nǐ jiā le.

4 정도보어로 쓰이는 '多'

'多'는 형용사의 뒤에서 '훨씬', '대단히'라는 뜻의 정도보어로 쓰인다. 이때 '多'는 항상 뒤에 '了'를 동반한다.

- 好吃多了。　훨씬 맛있네요.
  Hǎochī duō le.

문형 연습

1 **有点儿** 。 ～은 조금(약간) ～해요. 🎧 06-04
··· yǒudiǎnr ···.

예 **我** 有点儿 **不舒服** 。 저는 몸이 조금 불편해요.
Wǒ yǒudiǎnr bù shūfu.

她的头发 Tā de tóufa	长 cháng
他的衣服 Tā de yīfu	短 duǎn

2 **就好了** 。 ～하면 곧 좋아질 거예요. 🎧 06-05
··· jiù hǎo le.

예 **躺一会儿** 就好了。 조금 누워있으면 곧 좋아질 거예요.
Tǎng yíhuìr jiù hǎo le.

坐一会儿
Zuò yíhuìr

休息一会儿
Xiūxi yíhuìr

等一会儿
Děng yíhuìr

중국의 음식문화

　중국 음식을 좋아하는 사람이라면 현지에서 먹는 정통 중국 음식에 대한 기대도 클 것입니다. 물론 우리나라에서도 각종 중국 음식을 즐길 수 있지만, 비용과 다양성이라는 측면에서 중국 현지에 갔을 때 좀 더 선택의 여지가 많은 것은 분명합니다.

　중국 음식의 이름에는 많은 정보가 숨어 있기 때문에 처음 듣는 이름의 요리라도 이름만 잘 분석해보면 어떤 요리인지 대충 짐작할 수 있습니다. 예를 들어 다른 고기들은 '牛肉 niúròu(소고기)'와 같이 반드시 동물 이름이 들어가지만, 단순히 '肉 ròu(고기)'만 있다면 '돼지고기'가 들어가는 음식입니다. '丝 sī'는 재료들을 '(가늘고 길게) 채 썰다'라는 뜻이며, '丁 dīng'은 재료를 '주사위 모양으로 썰다', '炒 chǎo'는 '살짝 볶다', '炸 zhá'는 '(뜨거운 기름으로) 짧은 시간 튀기다'라는 뜻을 나타냅니다. 또한, 그 요리를 만든 사람의 이름이나 관직, 요리가 만들어진 지역의 이름, 요리의 탄생 배경 등이 명칭에 들어가 있는 경우도 있습니다. 어때요? 이런 식으로 중국 음식 이름의 유래를 알고 나면 중국어 공부도 되면서 식사도 더욱 즐겁게 할 수 있겠죠?

宫保鸡丁 궁바오지딩
gōngbǎo jīdīng

궁보계정. 닭고기(鸡)를 주사위 모양(丁)으로 자른 다음, 캐슈너트, 매운 고추를 굴소스와 함께 뜨거운 기름에 볶은 요리. 궁보(宫保) 관직에 있던 사람이 만들었다고 전해집니다.

糖醋肉 탕추러우
tángcùròu

탕수육. 돼지고기(肉)에 튀김옷을 입힌 다음 튀기고, 그 위에 달고 새콤한 소스(糖醋)를 뿌려서 먹는 요리. 우리나라 사람들 입맛에도 잘 맞는 대표적인 중국 음식입니다.

东坡肉 둥포러우
dōngpōròu

동파육. 요리술, 설탕, 간장, 파와 돼지고기(肉) 덩어리를 작은 항아리에 넣어서 약한 불로 하루 이상 가열한 요리. 송나라 때 소동파(东坡)가 창안했다고 합니다.

07 欢迎你们常来玩儿。

Huānyíng nǐmen cháng lái wánr.

여러분 자주 놀러 오세요.

학습내용

- 겸어문
- 단순방향보어 '下'
- 부사 '就'와 '才'의 비교
- '一边…一边…'의 용법

- 양사 '些'
- 부사 '都'
- 완료를 나타내는 조사 '了'
- 타인의 집을 방문할 때

단어 🎧 07-01

玩儿 wánr 통 놀다

做客 zuò kè 통 방문하다

收下 shōuxià 통 받다, 받아 두다

旅行 lǚxíng 통 여행하다

凉 liáng 형 시원하다, 식다

一边…一边… yìbiān…yìbiān… ~하면서 ~하다

聊(天) liáo (tiān) 통 잡담하다, 이야기하다

亲手 qīnshǒu 부 직접, 손수

手 shǒu 명 손

跳舞 tiào wǔ 통 춤을 추다

邀请 yāoqǐng 통 초대하다

心意 xīnyì 명 마음, 성의

介绍 jièshào 통 소개하다

才 cái 부 비로소, 겨우

些 xiē 양 조금, 약간

干杯 gān bēi 통 건배하다

说话 shuō huà 통 말하다

大家 dàjiā 대 여러분

본문 **1**

🎧 07-02

金多情 贤秀，小英邀请我们去她家做客。❶
Xiánxiù, Xiǎoyīng yāoqǐng wǒmen qù tā jiā zuò kè.

李贤秀 好哇。我们什么时候去?
Hǎo wa. Wǒmen shénme shíhou qù?

金多情 下了❼课就❸去吧。
Xià le kè jiù qù ba.

李贤秀 好吧。
Hǎo ba.

🎧 07–03

林小英 　欢迎欢迎。快请进！
Huānyíng huānyíng. Kuài qǐng jìn!

金多情 　这是我们的一点儿心意，请收下❷。
Zhè shì wǒmen de yìdiǎnr xīnyì, qǐng shōuxià.

林小英 　谢谢。
Xièxie.

我来介绍一下儿，这是我爸爸，这是我妈妈。
Wǒ lái jièshào yíxiàr, zhè shì wǒ bàba, zhè shì wǒ māma.

爸爸、妈妈，这是多情，这是贤秀。
Bàba、 māma, zhè shì Duōqíng, zhè shì Xiánxiù.

爸爸·妈妈 　快请坐。
Kuài qǐng zuò.

李贤秀 　你们好！爷爷、奶奶不在吗？
Nǐmen hǎo! Yéye、 nǎinai bú zài ma?

林小英 　他们去旅行了。明天才❸回来。
Tāmen qù lǚxíng le. Míngtiān cái huílái.

妈　妈　饭菜快要凉了，我们一边吃一边⁴聊吧。
Fàncài kuàiyào liáng le, wǒmen yìbiān chī yìbiān liáo ba.

林小英　对。你们看，这些⁵菜都⁶是我妈妈亲手做的。
Duì. Nǐmen kàn, zhèxiē cài dōu shì wǒ māma qīnshǒu zuò de.

金多情　太漂亮了。
Tài piàoliang le.

爸　爸　欢迎你们常来玩儿。来，干杯！
Huānyíng nǐmen cháng lái wánr. Lái, gān bēi!

大　家　干杯！
Gān bēi!

문법 해설

1 겸어문

겸어문과 연동문은 모두 한 문장 안에 동사가 두 개 혹은 그 이상 등장한다는 특징이 있으므로 주의해서 구분해야 한다. 첫 번째 동사의 목적어가 두 번째 동사의 주어 역할을 겸하는 경우, 이를 '겸어문'이라고 하여 '연동문'과 구별한다. (*연동문 – 1과, 3과 참고)

◎ 겸어문

주어 + 동사1 + [목적어1 / 주어2] + 동사2 + 목적어2

妈妈　请　　　客人　　吃　饭。　어머니께서 손님에게 식사하라고 하세요.
Māma qǐng　　 kèrén　 chī   fàn.

◎ 연동문

주어 + 동사1 + (목적어1) + 동사2 + 목적어2

我们　去　　　　吃　饭　吧。　우리 밥을 먹으러 가요.
Wǒmen qù　　　 chī   fàn   ba.

2 단순방향보어 '下'

동사의 뒤에서 동사의 동작 방향을 지시하는 성분을 '방향보어'라고 하며, 그중에서도 한 글자 방향보어를 '단순방향보어'라고 한다. '下'는 동사의 동작이 위에서 아래로 향함을 나타내는 단순방향보어이며, 반대로 아래에서 위로 향함을 나타낼 때는 '上'을 쓴다.

◎ 단순방향보어 '下'

・手放下吧。　손을 내려요.
　Shǒu fàngxià ba.

◎ 단순방향보어 '上'

・老师走上了二楼。　선생님께서 2층으로 올라가셨어요.
　Lǎoshī zǒushàng le èr lóu.

3 부사 '就'와 '才'의 비교

'就'는 한 동작이 끝나고 그 다음 동작이 순조롭게 이루어짐을 나타내지만, '才'는 그와 반대로 동작의 수행에 시간이 소요되거나 원활하지 않게 이루어짐을 나타낸다.

◉ 부사 '就'의 쓰임

- 十点上课，他九点半就来了。
  Shí diǎn shàng kè, tā jiǔ diǎn bàn jiù lái le.
  10시에 수업 시작하는데, 그는 9시 반에 (일찍) 왔다.

◉ 부사 '才'의 쓰임

- 十点上课，他十点半才来了。
  Shí diǎn shàng kè, tā shí diǎn bàn cái lái le.
  10시에 수업 시작하는데, 그는 10시 반이 되어서야 왔다.

4 '一边…一边…'의 용법

두 가지 동작이 동시에 진행되고 있음을 나타낸다.

- 他一边看电视一边说话。　그는 텔레비전을 보면서 이야기를 해요.
  Tā yìbiān kàn diànshì yìbiān shuō huà.
- 妹妹一边唱歌一边跳舞。　여동생은 노래를 부르면서 춤을 춰요.
  Mèimei yìbiān chàng gē yìbiān tiào wǔ.

5 양사 '些'

'些'는 불명확한 수량을 나타내는 양사이다. 특히, '些'의 앞에 숫자를 사용하는 경우에는 숫자 '一 yī'만 올 수 있는데, 이때는 '약간', '조금'이라는 뜻을 나타낸다.

- **这些书都是我的。** 이 책 몇 권은 모두 제 거예요.
  Zhèxiē shū dōu shì wǒ de.

- **姐姐给我买了一些衣服。** 언니(누나)는 저에게 옷을 조금 사줬어요.
  Jiějie gěi wǒ mǎi le yìxiē yīfu.

6 부사 '都'

앞에 있는 모든 것을 포괄하여 '전부', '모두'라는 뜻을 나타낸다.

- **这些都是我的。** 이 몇몇은 모두 제 거예요.
  Zhèxiē dōu shì wǒ de.

- **大家都来了吗?** 모두들 다 왔나요?
  Dàjiā dōu lái le ma?

7 완료를 나타내는 조사 '了'

조사 '了'는 동사의 뒤에서 동작의 완료를 나타낸다.

- **我买了一件衣服。**　저는 옷을 한 벌 샀어요.
  Wǒ mǎi le yí jiàn yīfu.

- **她喝了两杯咖啡。**　그녀는 커피 두 잔을 마셨어요.
  Tā hē le liǎng bēi kāfēi.

완료의 '了'를 포함하는 문장에서 목적어는 위의 예문처럼 다른 수식 성분('수사'와 '양사', '형용사'와 '的' 등)이 있어야 문장을 마칠 수 있다. 만약 목적어에 다른 수식 성분이 없다면, 단순히 다음 동작을 수행하기 위해 필요한 사전 동작이 끝났음을 나타내기 때문에 문장을 마칠 수 없다. 그렇기 때문에 아래 예문처럼 시점이 미래인 경우에도 '了'를 사용할 수 있는 것이다.

- **今天我们买了书就回家吧。**　오늘 우리 책을 사고 바로 집으로 돌아가자.
  Jīntiān wǒmen mǎi le shū jiù huí jiā ba.

- **我吃了饭就想睡觉。**　나는 밥을 먹으면 바로 자고 싶어.
  Wǒ chī le fàn jiù xiǎng shuì jiào.

문형 연습

1　　 **了　就　　吧。** ~을 ~하고 바로 ~하자.
··· le ··· jiù ··· ba. 🎧 07-04

예 **我们 下 了 课 就 去 吧。** 우리 수업 끝나고 바로 가자.
Wǒmen xià le kè jiù qù ba.

吃
chī
换
huàn

饭
fàn
钱
qián

去看电影
qù kàn diànyǐng
回学校
huí xuéxiào

2　　 **邀请我们　　。** ~은 우리에게 ~하라며 초대해요.
··· yāoqǐng wǒmen ···. 🎧 07-05

예 **小英 邀请我们 去她家做客。** 샤오잉은 우리를 그녀의 집에 손님으로 초대해요.
Xiǎoyīng yāoqǐng wǒmen qù tā jiā zuò kè.

李先生
Lǐ xiānsheng
韩国朋友
Hánguó péngyǒu

去他家玩儿
qù tā jiā wánr
去他家吃饭
qù tā jiā chī fàn

중국 문화이야기

타인의 집을 방문할 때

아는 사람의 집을 방문할 때, 약소한 선물이라도 들고 가는 것이 예의라는 건 누구나 알고 있습니다. 우리나라에서는 초대해준 집주인에게 준비한 선물을 건네면서 "비싼 건 아니지만 받아주세요!"라고 인사하고, 상대방은 "아휴, 우리도 차린 건 없지만 많이 드세요!"라는 겸손한 태도의 형식적인 인사를 주고받지요.

중국 역시 큰 의미에서 우리나라와 마찬가지이지만, 주고받는 형식적인 인사가 다릅니다. 말 그대로 비싸지 않은 약소한 선물이나 차린 것도 없이 손님을 맞이 하는 것은 예의가 아니기 때문에, 선물을 준비한 사람은 "这是为您特地买来的。Zhè shì wèi nín tèdì mǎilái de. 이건 당신을 위해서 특별히 사온 겁니다."라고 표현하고, 집주인 역시 "我给您准备了很多好吃的, 请您多吃! Wǒ gěi nín zhǔnbèi le hěn duō hǎochī de. Qǐng nín duō chī! 당신을 위해서 맛있는 걸 많이 준비했어요. 많이 드세요!"와 같이 상대방을 높이거나 위해주는 말로 응대하곤 합니다.

그렇지만 타이완에서는 손님과 주인 사이에 우리나라와 거의 비슷한 응대가 이루어지는 것을 보면, 위와 같은 현실적인 반응이 중국 사회에 일반화된 것은 그렇게 오래 되지 않았을 가능성도 있습니다.

08

复习 1
Fùxí 1

복습 1

📖 **학습내용**

- 동사 '觉得'
- 내용 Check!
- 길상을 나타내는 상징

✏️ **단어** 🎧 08-01

非常 fēicháng 🔵부 매우	喜欢 xǐhuan 🟢동 좋아하다
等 děng 🟣조 등, 따위	方便 fāngbiàn 🟡형 편리하다
以后 yǐhòu 🔴명 이후	食堂 shítáng 🔴명 구내식당
晚上 wǎnshang 🔴명 저녁	热情 rèqíng 🟡형 친절하다
觉得 juéde 🟢동 ～라고 여기다	久 jiǔ 🟡형 오래다

我是韩国学生金多情。我来北京学习汉语
Wǒ shì Hánguó xuésheng Jīn Duōqíng. Wǒ lái Běijīng xuéxí Hànyǔ

快六个月了。我非常喜欢北京。我和我的好朋友
kuài liù ge yuè le. Wǒ fēicháng xǐhuan Běijīng. Wǒ hé wǒ de hǎo péngyou

李贤秀、林小英一起学习，一起去玩儿，我们
Lǐ Xiánxiù、 Lín Xiǎoyīng yìqǐ xuéxí, yìqǐ qù wánr, wǒmen

每天都很快乐。
měitiān dōu hěn kuàilè.

学校里有银行、邮局、医院、美发店等，
Xuéxiào li yǒu yínháng、 yóujú、 yīyuàn、 měifàdiàn děng,

非常方便。我每天上午有四节课，下课以后我和
fēicháng fāngbiàn. Wǒ měitiān shàngwǔ yǒu sì jié kè, xià kè yǐhòu wǒ hé

同学们去食堂吃饭，我们一边吃饭一边聊天，
tóngxuémen qù shítáng chī fàn, wǒmen yìbiān chī fàn yìbiān liáo tiān,

很高兴。下午我去图书馆看书。晚上在宿舍里
hěn gāoxìng. Xiàwǔ wǒ qù túshūguǎn kàn shū. Wǎnshang zài sùshè li

学习。周末常跟朋友去看电影。
xuéxí. Zhōumò cháng gēn péngyou qù kàn diànyǐng.

这个周末我和贤秀去我们的中国朋友
Zhè ge zhōumò wǒ hé Xiánxiù qù wǒmen de Zhōngguó péngyou

林小英家做客了。她家非常漂亮。她爸爸、妈妈
Lín Xiǎoyīng jiā zuò kè le.　Tā jiā fēicháng piàoliang. Tā bàba、　　māma

很热情。我们在林小英家喝了两瓶啤酒，吃了很
hěn rèqíng.　Wǒmen zài Lín Xiǎoyīng jiā hē le liǎng píng píjiǔ,　chī le hěn

多菜。我觉得★中国菜又好吃又好看。我想学做
duō cài.　Wǒ juéde Zhōngguó cài yòu hǎochī yòu hǎokàn.　Wǒ xiǎng xué zuò

中国菜。
Zhōngguó cài.

■ 동사 '觉得'

동사 '觉得'는 '~라고 생각하다', '~라고 느끼다'라는 뜻으로 일반적으로 절이 목적어로 온다.

- 我觉得熊猫很可爱。　저는 판다가 귀엽다고 생각해요.
  Wǒ juéde xióngmāo hěn kě'ài.

- 你觉得这家餐馆的菜怎么样?
  Nǐ juéde zhè jiā cānguǎn de cài zěnmeyàng?
  당신은 이 식당의 음식이 어떻다고 생각하나요?

내용 Check!

1 金多情来北京多久了?
Jīn Duōqíng lái Běijīng duō jiǔ le?

2 学校里都有什么?
Xuéxiào li dōu yǒu shénme?

3 金多情下课以后做什么?
Jīn Duōqíng xià kè yǐhòu zuò shénme?

4 这个周末金多情去哪儿了?
Zhè ge zhōumò Jīn Duōqíng qù nǎr le?

5 金多情觉得中国菜怎么样?
Jīn Duōqíng juéde Zhōngguó cài zěnmeyàng?

중국 문화이야기

길상을 나타내는 상징

중국은 한자의 나라인 만큼 행운, 장수, 재물 등의 뜻을 가진 한자를 멋들어진 붓글씨로 써서 벽에 붙여두고 매일 공을 들이는 집이 많습니다. 예를 들면 중국 가정집의 대문이나 집안에 '福 fú(복)'자를 크게 써서 거꾸로 붙여둔 경우를 종종 볼 수 있는데, 이는 '복이 온다(福到了。 Fú dào le.)'와 '복이 거꾸로 되었다(福倒了。 Fú dào le.)'라는 말의 발음이 서로 같기 때문에 복이 들어오라는 의미에서 일부러 뒤집어서 붙여둔 것입니다.

하나의 한자를 두 번 중복해서 써서 한 글자로 만들어 부적처럼 사용하는 경우도 있습니다. '喜 xǐ(기쁘다)'를 겹쳐 쓴 글자인 '囍 shuāng xǐ'자가 좋은 예인데, '기쁨이 두 배' 혹은 '기쁨이 양쪽에서 다 찾아온다'라는 뜻을 나타내기 때문에, 결혼식장이나 신혼집에서 자주 볼 수 있습니다. 우리나라에서도 오래된 가구나 한옥 등의 장식에서 간혹 목격되기도 합니다.

이 밖에도 '재물이 가득 들어오기를 바랍니다'라는 뜻의 사자성어 '招財進寶 zhāo cái jìn bǎo(초재진보)'를 쭉 연결하여 마치 복잡한 한 글자 짜리 한자처럼 보이도록 써서 부적의 효과를 노린 경우도 있습니다. 이는 '招(초)'자의 '扌(손 수 변)'과 '財(재)'자의 오른쪽에 있는 '才(재능 재)'자가 서로 모양이 비슷하고, '財(재)'자의 '貝(조개 패)'자와 '寶(보물 보)'자의 아래 부분이 같기 때문에 이를 활용하여 만든 행운의 상징이라고 할 수 있습니다.

09 你会骑自行车吗?

Nǐ huì qí zìxíngchē ma?

당신은 자전거를 탈 줄 아나요?

📖 학습내용

- 명량사 '辆'과 동량사 '趟'
- 조동사 '会'와 '能'의 비교
- 상태보어

- 어림수를 나타내는 표현
- 결과보어
- 양사의 중요성

단어 🎧 09-01

会 huì [조동] ~할 수 있다, ~할 줄 알다

自行车 zìxíngchē [명] 자전거

当然 dāngrán [부] 당연히

锻炼 duànliàn [동] 단련하다

家庭 jiātíng [명] 가정

过去 guòqù [명] 과거

放 fàng [동] 놓다

车棚 chēpéng [명] 자전거 보관소, 소형 차고

借 jiè [동] 빌리다, 빌려주다

钥匙 yàoshi [명] 열쇠

蓝 lán [형] 남색의

骑 qí [동] (자전거·오토바이 등을) 타다

辆 liàng [양] 대 [자전거·차량 등을 세는 단위]

得 de [조] 동사의 뒤에 쓰여 정도를 나타냄

身体 shēntǐ [명] 몸, 신체

已经 yǐjīng [부] 이미, 벌써

事 shì [명] 일, 볼일

楼下 lóuxià [명] 1층, 건물 아래

能 néng [조동] ~할 수 있다, ~해도 된다

趟 tàng [양] 번 [동작의 횟수를 세는 단위]

颜色 yánsè [명] 색깔

고유 명사

北大(北京大学) Běidà(Běijīng dàxué) 베이징대학

본문 1

09-02

李贤秀 这个周末我想去买辆[1]自行车。
Zhè ge zhōumò wǒ xiǎng qù mǎi liàng zìxíngchē.

金多情 你会[2]骑自行车吗?
Nǐ huì qí zìxíngchē ma?

李贤秀 当然会，我骑得很好。[3]
Dāngrán huì, wǒ qí de hěn hǎo.

骑自行车还可以锻炼身体。
Qí zìxíngchē hái kěyǐ duànliàn shēntǐ.

金多情 听说中国每个家庭都有两三[4]辆自行车。
Tīngshuō Zhōngguó měi ge jiātíng dōu yǒu liǎng sān liàng zìxíngchē.

李贤秀 那已经是过去的事了。
Nà yǐjīng shì guòqù de shì le.

🎧 09-03

金多情　**贤秀，你的自行车呢？**
　　　　Xiánxiù, nǐ de zìxíngchē ne?

李贤秀　**放在楼下的车棚里了。** 5
　　　　Fàng zài lóuxià de chēpéng li le.

金多情　**能** 2 **不能借我骑骑？我想去趟** 1 **北大。**
　　　　Néng bu néng jiè wǒ qíqi? Wǒ xiǎng qù tàng Běidà.

李贤秀　**当然可以。这是钥匙。**
　　　　Dāngrán kěyǐ. Zhè shì yàoshi.

金多情　**你的车是什么颜色的？**
　　　　Nǐ de chē shì shénme yánsè de?

李贤秀　**蓝色的。我带你去吧。**
　　　　Lánsè de. Wǒ dài nǐ qù ba.

문법 해설

1 명량사 '辆'과 동량사 '趟'

'辆'은 버스, 택시, 자전거 등을 세는 명량사이고, '趟'은 특정한 장소에서 또 다른 장소까지의 왕복 횟수를 세는 동량사이다.

- ○ 명량사 '辆'

  - 我家有两辆自行车。   우리 집에는 자전거 두 대가 있어요.
    Wǒ jiā yǒu liǎng liàng zìxíngchē.

- ○ 동량사 '趟'

  - 他们去了一趟上海。   그들은 상하이에 한 번 갔었어요.
    Tāmen qù le yí tàng Shànghǎi.

2 조동사 '会'와 '能'의 비교

'会'와 '能'은 둘 다 가능의 의미를 나타내는 조동사이지만, '会'는 '(후천적인 학습을 통하여 습득한 기능에 대해) ~을 할 수 있다'라는 뜻을 나타내며, '能'은 '(일반적인 능력이나 조건이 갖추어져 있어서) ~을 할 수 있다'라는 뜻을 나타낸다.

- 我会说汉语。   저는 중국어로 말할 줄 알아요.
  Wǒ huì shuō Hànyǔ.

- 你下午能来我家吗?   당신은 오후에 우리 집에 올 수 있나요?
  Nǐ xiàwǔ néng lái wǒ jiā ma?

부정문은 '会'와 '能' 둘 다 '不'를 사용한다.

- 我不会说汉语。   저는 중국어로 말할 줄 몰라요.
  Wǒ bú huì shuō Hànyǔ.

- 我下午不能去你家。   저는 오후에 당신 집에 갈 수 없어요.
  Wǒ xiàwǔ bù néng qù nǐ jiā.

3 상태보어

상태보어는 동작이나 사물의 상태를 나타내는 보어로, 조사 '得 de'의 뒤에 동작 혹은 모습에 대해 구체적으로 설명하는 구문이 이어진다. 문법 구조를 보면, 동사(혹은 형용사)와 상태보어의 사이에 조사 '得'를 삽입하는 것이 특징인데, 목적어가 있다면 동사와 목적어를 앞에 쓴 다음 같은 동사를 한 번 더 써준다.

주어 + (동사) + 목적어 + 동사 + 得 + 상태보어

| 她 | (写) | 字 | 写 | 得 | 很好。 | 그녀는 글자를 잘 써요. |
| Tā | (xiě) | zì | xiě | de | hěn hǎo. | |

| 他 | (说) | 话 | 说 | 得 | 跟我一样慢。 | 그는 저처럼 느리게 말해요. |
| Tā | (shuō) | huà | shuō | de | gēn wǒ yíyàng màn. | |

상태보어의 부정문은 '得'의 뒤에 오는 보어를 부정해야 한다.

- 她写得不好。 그녀는 (글씨를) 잘 못 써요.
  Tā xiě de bù hǎo.

4 어림수를 나타내는 표현

인접한 두 개의 숫자를 연속으로 말하면 어림수를 나타내게 된다.

- 我有两三个中国朋友。 저는 두세 명의 중국인 친구가 있어요.
  Wǒ yǒu liǎng sān ge Zhōngguó péngyou.

- 她每天喝五六杯咖啡。 그녀는 매일 커피를 5~6잔 마셔요.
  Tā měitiān hē wǔ liù bēi kāfēi.

5 결과보어

동사 뒤에서 동사의 동작 결과를 나타내는 성분을 '결과보어'라고 한다. 결과보어로 쓰이는 성분은 형용사가 대부분이지만, '见 jiàn', '懂 dǒng', '住 zhù', '在 zài', '到 dào' 등의 일부 단음절 동사도 쓸 수 있다.

◉ 형용사가 결과보어로 쓰인 경우

- 我洗干净了。   저는 깨끗이 씻었어요.
  Wǒ xǐ gānjìng le.

◉ 단음절 동사가 결과보어로 쓰인 경우

- 昨天我在学校见到了你哥哥。   어제 저는 학교에서 당신 형(오빠)을 봤어요.
  Zuótiān wǒ zài xuéxiào jiàndào le nǐ gēge.

결과보어를 포함하는 부정문은 동사의 앞에 '没'를 사용하여 부정한다.

- 我没洗干净。   저는 깨끗이 씻지 않았어요.
  Wǒ méi xǐ gānjìng.

1　　　得很　　。　~은 ~하는 것이 ~해요.　🎧 09-04

… de hěn ….

예　我 骑 得 很 好。　저는 (자전거·오토바이 등을) 잘 타요.
Wǒ qí de hěn hǎo.

他们
Tāmen

我
Wǒ

玩儿
wánr

过
guò

高兴
gāoxìng

快乐
kuàilè

2　我想　(一)趟　　。　저는 ~에 한 번 ~하고 싶어요.　🎧 09-05

Wǒ xiǎng … (yí) tàng ….

예　我 想 去 (一)趟 北大。　저는 베이징대학에 한 번 가고 싶어요.
Wǒ xiǎng qù (yí) tàng Běidà.

回
huí

去
qù

去
qù

家
jiā

银行
yínháng

图书馆
túshūguǎn

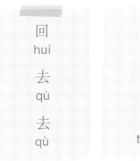

양사의 중요성

중국어의 품사 중 '양사'는 한국어 문법에는 없는 품사입니다. 물건을 헤아리는 단위, 도량형 단위(명량사)와 동작을 행하는 횟수(동량사)를 중국어 문법에서는 모두 양사라는 품사로 분류하고 있지만, 한국어 문법에서는 이를 명사의 하위분류인 의존명사 속에 포함시키고 있기 때문입니다. 그만큼 중국어에서는 양사의 역할이 크다고 보아야 할 것입니다.

중국어의 양사는 명사를 생략해도 주어진 양사만으로 생략된 명사를 유추할 수 있기도 합니다. 예를 들어, 옷을 헤아리는 양사로는 '件 jiàn', '条 tiáo', '套 tào' 등이 있지만, 이 세 종류의 양사는 각각 다른 종류의 옷을 나타냅니다. 다 같은 '衣服 yīfu(옷)'라고 하더라도, '一件衣服 yí jiàn yīfu'는 '(티셔츠나 스웨터 등의) 윗도리', '一条衣服 yì tiáo yīfu'는 '바지' 혹은 '치마', '一套衣服 yí tào yīfu'는 '(위아래가 한 세트인) 양복, 정장'을 뜻합니다. 때문에 이런 양사들이 포함된 문장은 비록 양사 뒤에 어떤 옷인지 나타내는 구체적인 명사가 생략되어 있더라도 문맥의 흐름 속에서 옷의 종류를 바로 유추해낼 수 있습니다.

10 你们去过天安门吗?

Nǐmen qùguo Tiān'ānmén ma?

여러분은 톈안먼에 가봤나요?

 **학습내용**

- 경험을 나타내는 조사 '过'
- '是…的' 강조구문
- 감탄문

- 장소사
- 중국의 전통극

 단어 🎧 10-01

过 guo 조 ~한 적이 있다	上 shàng 명 이전, 앞
出租车 chūzūchē 명 택시	堵车 dǔ chē 통 교통이 막히다
轻轨 qīngguǐ 명 경궤 전철(경전철)	地铁 dìtiě 명 지하철
真 zhēn 부 정말, 진짜로	行 xíng 형 대단하다, 훌륭하다
京剧 Jīngjù 명 경극	戏 xì 명 연극, 놀이
票 piào 명 표, 티켓	字幕 zìmù 명 자막
音乐 yīnyuè 명 음악	公共汽车 gōnggòng qìchē 명 버스
多么 duōme 부 얼마나	部 bù 양 서적·영화 등을 세는 단위
红绿灯 hónglǜdēng 명 신호등	

고유 명사

天安门 Tiān'ānmén 톈안먼(천안문)

林小英　你们去过❶天安门吗？
Nǐmen qùguo Tiān'ānmén ma?

金多情　去过。
Qùguo.

林小英　是什么时候去的❷？
Shì shénme shíhou qù de?

李贤秀　上个星期。
Shàng ge xīngqī.

林小英　你们是坐出租车去的❷吧？
Nǐmen shì zuò chūzūchē qù de ba?

金多情　坐出租车有时堵车，我们是坐轻轨和地铁去的❷。
Zuò chūzūchē yǒushí dǔ chē, wǒmen shì zuò qīngguǐ hé dìtiě qù de.

林小英　你们真行！❸
Nǐmen zhēn xíng!

🎧 10-03

林小英　来北京以后，你们看过京剧没有？
Lái Běijīng yǐhòu, nǐmen kànguo Jīngjù méiyǒu?

李贤秀　没看过。
Méi kànguo.

林小英　我这儿有三张戏票，是星期六晚上的，
Wǒ zhèr yǒu sān zhāng xìpiào, shì xīngqīliù wǎnshang de,

咱们一起去吧。
zánmen yìqǐ qù ba.

金多情　我和贤秀能看懂吗？
Wǒ hé Xiánxiù néng kàndǒng ma?

林小英　能看懂。有字幕，还有音乐，没问题。
Néng kàndǒng. Yǒu zìmù, hái yǒu yīnyuè, méi wèntí.

李贤秀　我们怎么去？
Wǒmen zěnme qù?

林小英　坐公共汽车去就可以。
Zuò gōnggòng qìchē qù jiù kěyǐ.

문법 해설

1 경험을 나타내는 조사 '过'

'过'는 동사의 뒤에 쓰여서 '예전에 ~한 적이 있다'라는 경험을 나타낸다.

- 我去过中国。　　저는 중국에 가본 적이 있어요.
  Wǒ qùguo Zhōngguó.
- 我坐过飞机。　　저는 비행기를 타본 적이 있어요.
  Wǒ zuòguo fēijī.

부정문은 동사의 앞에 '没'를 사용하여 만든다. 이때, 동사 뒤의 '过'는 그대로 둔다.

- 我没去过中国。　　저는 중국에 가본 적이 없어요.
  Wǒ méi qùguo Zhōngguó.
- 我没坐过飞机。　　저는 비행기를 타본 적이 없어요.
  Wǒ méi zuòguo fēijī.

의문문은 동사의 긍정과 부정을 반복하는 형식, '没有' 혹은 '吗'를 문장의 끝에 덧붙이는 형식, 이렇게 세 종류가 있다.

- 你去没去过中国?　　당신은 중국에 가본 적이 있나요?
  Nǐ qù méi qùguo Zhōngguó?

  = 你去过中国没有?
  Nǐ qùguo Zhōngguó méiyǒu?

  = 你去过中国吗?
  Nǐ qùguo Zhōngguó ma?

2 '是…的' 강조구문

이미 발생한 사건의 '시간·장소', '수단·방법', '행위자' 등을 특별히 강조하고자 할 때, 강조하고 싶은 성분을 '是'의 뒤에, '的'는 문장의 끝에 두어서 강조구문을 만들 수 있다. 이때 '是'는 생략할 수도 있다.

◉ 시간·장소 강조

- 我(是)今天九点起床的。　저는 오늘 9시에 일어났어요.
  Wǒ (shì) jīntiān jiǔ diǎn qǐ chuáng de.

◉ 수단·방법 강조

- 你(是)坐什么来学校的?　당신은 무엇을 타고 학교에 온 거예요?
  Nǐ (shì) zuò shénme lái xuéxiào de?

◉ 행위자 강조

- 这件事，(是)谁做的?　이 일은 누가 한 거예요?
  Zhè jiàn shì, (shì) shéi zuò de?

부정문은 '不是…的'의 형태를 사용한다. 단, 부정문에서의 '是'는 생략할 수 없다.

- 他不是昨天来的，是今天来的。　그는 어제 온 것이 아니라, 오늘 왔어요.
  Tā bú shì zuótiān lái de, shì jīntiān lái de.
- 我不是坐出租车来学校的。　저는 택시를 타고 학교에 오지 않았어요.
  Wǒ bú shì zuò chūzūchē lái xuéxiào de.

3 감탄문

기쁨, 분노, 놀라움 등의 감정을 나타내는 문장을 '감탄문'이라고 한다. 일반적으로 감탄문은 평소보다 높은 어조로 말하며, 정도를 강조하는 부사와 감탄을 나타내는 느낌표 혹은 어기조사를 함께 사용하기도 한다.

- **他真高哇！** 그는 정말 크네요!
  Tā zhēn gāo wa!

- **你家多么美呀！** 당신의 집은 정말 예쁘네요!
  Nǐ jiā duōme měi ya!

4 장소사

원래는 장소의 의미가 없는 명사 혹은 대명사의 뒤에 '这儿', '这里' 혹은 '那儿', '那里'를 덧붙이면 장소사가 된다.

- **他们那儿有很多书。** 그 사람들 있는 곳에는 많은 책이 있어요.
  Tāmen nàr yǒu hěn duō shū.

- **我在东门那儿等你。** 저는 동문 쪽에서 당신을 기다려요.
  Wǒ zài dōngmén nàr děng nǐ.

문형 연습

1 你们 过 吗? 여러분은 ~을 ~한 적이 있나요?
Nǐmen …guo … ma?

🎧 10-04

예 你们 **去** 过 天安门 吗? 여러분은 톈안먼에 가본 적이 있나요?
Nǐmen qùguo Tiān'ānmén ma?

去	上海
qù	Shànghǎi
看	这部电影
kàn	zhè bù diànyǐng
吃	中国菜
chī	Zhōngguó cài

2 是 的。 ~은 ~했어요. ['是'와 '的' 사이의 내용을 강조]
… shì … de.

🎧 10-05

예 我们 **是** 坐出租车去 的。 우리는 택시를 타고 갔습니다.
Wǒmen shì zuò chūzūchē qù de.

我	来学习汉语
Wǒ	lái xuéxí Hànyǔ
他	一个人来
Tā	yí ge rén lái
我们	来买羽绒服
Wǒmen	lái mǎi yǔróngfú

중국의 전통극

　'중국 전통극'이라고 하면 우리나라 사람 대부분은 '京剧 Jīngjù(경극)'를 떠올릴 것입니다. 그렇지만 '경극'은 엄밀하게 말해서 '중국의 전통극'이라기 보다는 '북경 지역의 전통극'이라고 해야 맞습니다. '경극'의 '경(京)'은 '북경'을 뜻하기 때문입니다.

　이는 달리 표현하면, 중국 전역에는 각지에 나름대로의 전통극이 있다는 말이 됩니다. 그리고 각 지역의 전통극은 해당 지역을 뜻하는 한자를 앞에 붙여서 호칭합니다. 실제로 상하이(上海)와 그 인근 지역에서 행해지는 전통극은 '沪剧 Hùjù(호극)', 허난(河南) 지역은 '豫剧 Yùjù(예극)', 쓰촨(四川) 지역은 '川剧 Chuānjù(천극)', 광둥(广东) 지역은 '粤剧 Yuèjù(월극)'라고 부르죠. 대부분의 지방극은 그 지역의 사투리(方言)를 사용하여 공연하기 때문에 외국인이 알아듣기는 힘들지만, 자막을 제공하는 극장이 많기 때문에 경극을 감상하는 데에는 큰 어려움이 없습니다. 물론 중국어를 상당히 빨리 읽고 이해할 수 있어야 하겠지만요. 또한, 최근에 들어서는 '粤剧 Yuèjù(월극)'나 '豫剧 Yùjù(예극)'와 같이 인기 있는 지방극들은 지역의 경계를 뛰어넘어 중국 전역에서 공연이 이루어지기도 한답니다.

大同有什么好玩儿的吗?

Dàtóng yǒu shénme hǎowánr de ma?

다퉁에 무슨 재미있는 볼거리가 있나요?

 학습내용

- 단순방향보어 '来'와 '去'
- 단순방향보어 '上'과 '来'의 파생용법
- 접두사 '好'와 강조의 '好'

- 부사 '再'와 '又'의 비교
- 동사 '有'를 포함하는 겸어문

✒️ **단어** 🎧 11-01

好玩儿 hǎowánr 형 재미있다	通知 tōngzhī 명 통지 동 통지하다
组织 zǔzhī 명 조직 동 조직하다	省 shěng 동 덜다, 아끼다
时间 shíjiān 명 시간	许多 xǔduō 형 매우 많다
名胜古迹 míngshèng gǔjì 명 명승고적	列车员 lièchēyuán 명 기차 승무원
火车 huǒchē 명 기차	开 kāi 동 운전하다, 열다
上 shàng 동 타다, 오르다	再 zài 부 다시, 또, 더
对不起 duìbuqǐ 미안하다	又 yòu 부 또
晚 wǎn 형 늦다	马上 mǎshàng 부 곧, 바로, 즉시
赶 gǎn 동 (시간에) 대다, 맞추다	打的 dǎ dī 택시를 잡다
好 hǎo 부 매우, 정말	险 xiǎn 형 위험하다, 아슬아슬하다

고유 명사

大同 Dàtóng 지명 다퉁 [산시성에 위치]

🎧 11-02

李贤秀 你看通知了吗？
Nǐ kàn tōngzhī le ma?

周末学校组织去大同旅行。
Zhōumò xuéxiào zǔzhī qù Dàtóng lǚxíng.

金多情 周末去，星期一能回来❶吗？
Zhōumò qù, xīngqīyī néng huílái ma?

李贤秀 能回来❶。
Néng huílái.

星期五晚上走，星期天早上回来❶，
Xīngqīwǔ wǎnshang zǒu, xīngqītiān zǎoshang huílái,

又省时间又省钱。
yòu shěng shíjiān yòu shěng qián.

金多情 大同有什么好❸玩儿的吗？
Dàtóng yǒu shénme hǎowánr de ma?

李贤秀 有，那儿有许多名胜古迹。
Yǒu, nàr yǒu xǔduō míngshèng gǔjì.

🎧 11-03

列车员　火车快开了，请快上去❶吧。
　　　　Huǒchē kuài kāi le, qǐng kuài shàngqù ba.

李贤秀　再❹等一会儿，我还有一个朋友没来呢。❺
　　　　Zài děng yíhuìr, wǒ hái yǒu yí ge péngyou méi lái ne.

列车员　请上去❶等吧。
　　　　Qǐng shàngqù děng ba.

李贤秀　好吧。
　　　　Hǎo ba.

(过了一会儿)

金多情　贤秀，对不起，我又❹来晚了。
　　　　Xiánxiù, duìbuqǐ, wǒ yòu lái wǎn le.

李贤秀　多情，快上来❶，火车马上就要开了。
　　　　Duōqíng, kuài shànglái, huǒchē mǎshàng jiùyào kāi le.

金多情　我没赶上❷学校的车，是打的过来❶的。
　　　　Wǒ méi gǎnshàng xuéxiào de chē, shì dǎ dī guòlái de.

李贤秀　好❸险哪！
　　　　Hǎo xiǎn na!

문법 해설

1 단순방향보어 '来'와 '去'

단순방향보어는 동사의 뒤에서 동사의 동작 방향을 지시한다. 동사의 동작 방향이 화자를 향하여 다가오면 '来', 멀어지면 '去'를 사용한다.

◉ 단순방향보어 '来'

- 爸爸买来了一本书。　아빠가 책 한 권을 사오셨어요.
  Bàba mǎilái le yì běn shū.

◉ 단순방향보어 '去'

- 我给女朋友送去了很多礼物。　저는 여자친구에게 많은 선물을 보냈어요.
  Wǒ gěi nǚ péngyou sòngqù le hěn duō lǐwù.

일반적으로 목적어는 동사와 방향보어의 사이 혹은 방향보어의 뒤 둘 중 어디에 와도 괜찮으나 장소를 나타내는 목적어는 동사와 방향보어의 사이에 두어야 한다.

- 爸爸买一本书来了。　아빠가 책 한 권을 사오셨어요. [일반목적어]
  Bàba mǎi yì běn shū lái le.

  = 爸爸买来了一本书。
  Bàba mǎilái le yì běn shū.

- 老师进教室来了。　선생님께서 교실에 들어오셨어요. [장소목적어]
  Lǎoshī jìn jiàoshì lái le.

- 明天我回家去。　내일 저는 집에 돌아가요. [장소목적어]
  Míngtiān wǒ huí jiā qù.

2 단순방향보어 '上'과 '来'의 파생용법

모든 단순방향보어는 눈에 보이는 구체적인 방향이 아니라 추상적인 상태를 나타내는 파생용법이 있다. '上'에는 '힘든 목표에 간신히 도달하다', '(상태가) 굳게 닫혀 있다', '来'에는 '看', '说' 등의 뒤에서 '추측'의 느낌을 더해주는 파생 의미가 있다.

◉ '上'의 파생용법

- 你还能赶上三点的火车。 [힘든 목표에 간신히 도달]
  Nǐ hái néng gǎnshàng sān diǎn de huǒchē.
  당신은 3시 기차 시간에 댈 수 있을 거예요.

◉ '来'의 파생용법

- 看来，他还是大学生。 [추측]
  Kànlái, tā háishi dàxuésheng.
  보아하니, 그는 아무래도 대학생 같아요.

3 접두사 '好'와 강조의 '好'

형용사 '好'는 동사의 앞에 접두사로 쓰여서 소리, 맛, 모습, 느낌 등이 '좋다', '훌륭하다'라는 뜻을 나타낸다. 이때 '好'는 한 글자 동사와 결합하는 것이 원칙이며, 이렇게 탄생한 단어는 형용사로 간주한다.

- 好吃 hǎochī 맛이 좋다
- 好听 hǎotīng 듣기 좋다
- 好看 hǎokàn 보기 좋다
- 好喝 hǎohē 마시기 좋다

또한, '好'가 부사로 쓰이면 주로 다른 형용사의 앞에 쓰여서 강조의 느낌을 추가하는 역할을 한다. 때문에 전체 문장이 감탄문으로 느껴지는 경우가 많다.

- 她好漂亮啊！ 그녀는 정말 아름답네요!
  Tā hǎo piàoliang a!

- 最近时间好快呀！ 요즘 시간이 정말 빨리 가네요!
  Zuìjìn shíjiān hǎo kuài ya!

4 부사 '再'와 '又'의 비교

동작이 미래의 어떤 시점에 다시 반복될 것임을 나타낼 때는 '再', 과거에 이미 발생했던 동작이 다시 반복되었다면 '又'를 사용한다.

- **请再说说。**　　다시 한번 말해 주세요.
  Qǐng zài shuōshuo.

- **他今天又来了。**　　그는 오늘 또 왔어요.
  Tā jīntiān yòu lái le.

5 동사 '有'를 포함하는 겸어문

7과에서 배웠듯이 첫 번째 동사의 목적어가 두 번째 동사의 주어를 겸하는 문형을 '겸어문'이라고 한다. 그중에서도 동사 '有'를 포함하는 겸어문은 기본적으로 두 개의 문장이 하나로 합쳐진 형태를 취하고 있다는 특징이 있다.

- **我还有一个朋友。**　　　+　　　**一个朋友没来呢。**
  Wǒ hái yǒu yí ge péngyou.　　　　Yí ge péngyou méi lái ne.
  저는 한 명의 친구가 더 있어요.　　　한 명의 친구가 아직 안 왔어요.

- **= 我还有一个朋友没来呢。**　　(저는) 아직 안 온 친구가 한 명 더 있어요.
  Wǒ hái yǒu yí ge péngyou méi lái ne.

문형 연습

---

1 你快 … 吧。 당신 어서 ～하세요.  11-04
Nǐ kuài … ba.

예 你快**上来**吧。 (당신) 어서 올라오세요.
Nǐ kuài shànglái ba.

过来
guòlái

下来
xiàlái

下去
xiàqù

---

2 … 有什么 … 吗? ～에 무슨 ～한 것이 있나요? 11-05
… yǒu shénme … ma?

예 **大同**有什么**好玩儿的**吗? 다퉁에 무슨 재미있는 놀거리가 있나요?
Dàtóng yǒu shénme hǎowánr de ma?

家里
Jiā li

大同
Dàtóng

好吃的
hǎochī de

名胜古迹
míngshèng gǔjì

문형 연습

3 他　来/去　　。 그가 ~을 ~ 와요/가요. 🎧 11-06
　　Tā … lái / qù ….

예 他 **带** 来了一瓶啤酒。 그가 맥주 한 병을 가지고 왔어요.
　　Tā dàilái le yì píng píjiǔ.

寄
jì

叫
jiào

一封信
yì fēng xìn

一辆出租车
yí liàng chūzūchē

12

我想预订房间。
Wǒ xiǎng yùdìng fángjiān.

저는 방을 예약하려고 합니다.

 학습내용

- '…来…去'
- 단순방향보어 '出'와 '下'의 파생용법
- 구조조사 '的'의 생략
- 부사 '更'

 단어 🎧 12-01

预订 yùdìng 통 예약하다	新年 xīnnián 명 신년, 새해
打算 dǎsuàn 통 ~할 예정이다	商量 shāngliang 통 상의하다
事(儿) shì(r) 명 일	出 chū 통 나가다
结果 jiéguǒ 명 결과	建议 jiànyì 통 건의하다
应该 yīnggāi 조동 마땅히 ~해야 한다	天堂 tiāntáng 명 천당
嘛 ma 조 긍정을 강조하는 어기조사	宾馆 bīnguǎn 명 호텔
标准间 biāozhǔnjiān 명 일반룸	套间 tàojiān 명 스위트룸
单人间 dānrénjiān 명 1인실	更 gèng 부 더욱
订 dìng 통 예약하다	明年 míngnián 명 내년
留 liú 통 남기다	

고유 명사

苏州 Sūzhōu 지명 쑤저우 [중국 장쑤성의 도시]

杭州 Hángzhōu 지명 항저우 [중국 저장성의 성도]

西湖宾馆 Xīhú bīnguǎn 시후호텔

🎧 12-02

林小英　新年就要到了，
　　　　Xīnnián jiùyào dào le,

　　　　你们打算去哪儿玩儿玩儿吗？
　　　　nǐmen dǎsuàn qù nǎr wánrwanr ma?

金多情　我们正在商量这件事儿呢。
　　　　Wǒmen zhèngzài shāngliang zhè jiàn shìr ne.

李贤秀　可是商量来商量去❶也没商量出❷结果。
　　　　Kěshì shāngliang lái shāngliang qù yě méi shāngliang chū jiéguǒ.

金多情　你有什么好建议❸吗？
　　　　Nǐ yǒu shénme hǎo jiànyì ma?

林小英　你们应该去苏州、杭州看看。
　　　　Nǐmen yīnggāi qù Sūzhōu、Hángzhōu kànkan.

李贤秀　对呀！"上有天堂，下有苏杭"嘛！
　　　　Duì ya! "Shàng yǒu tiāntáng, xià yǒu Sū Háng" ma!

🎧 12-03

服务员   西湖宾馆。请问，您有什么事儿吗？
Xīhú bīnguǎn. Qǐngwèn, nín yǒu shénme shìr ma?

李贤秀   我想预订房间。
Wǒ xiǎng yùdìng fángjiān.

服务员   您要什么样儿的房间？标准间还是套间？
Nín yào shénme yàngr de fángjiān? Biāozhǔnjiān háishi tàojiān?

李贤秀   我要单人间。单人间多少钱一天？
Wǒ yào dānrénjiān. Dānrénjiān duōshao qián yì tiān?

服务员   单人间每天280元。
Dānrénjiān měitiān èrbǎi bāshí yuán.

李贤秀   有没有更❹便宜一点儿的？
Yǒu méiyǒu gèng piányi yìdiǎnr de?

服务员   没有。
Méiyǒu.

(过了一会儿)

李贤秀   订明年一月一号、二号、三号的两个单人间。
Dìng míngnián yī yuè yī hào、èr hào、sān hào de liǎng ge dānrénjiān.

服务员   请留下❷您的姓名和电话。
Qǐng liúxià nín de xìngmíng hé diànhuà.

李贤秀   好的。
Hǎo de.

문법 해설

1 '…来…去'

'来'와 '去'의 앞에 각각 같은 동사 혹은 비슷한 의미의 동사를 넣어서 '어떠한 동작이 반복된다', '어떠한 동작이 끊임없이 계속된다'라는 뜻을 나타낸다.

- 走来走去。 왔다갔다 계속 걸어다니다.
  Zǒu lái zǒu qù.

- 想来想去。 이런저런 생각을 계속 하다.
  Xiǎng lái xiǎng qù.

2 단순방향보어 '出'와 '下'의 파생용법

동작이 안에서 밖으로 향할 때 사용하는 단순방향보어 '出'의 파생 의미는 '숨어 있던 상태에서 겉으로 드러나다', '무에서 유를 만들어내다'라는 뜻이며, '下'의 파생 의미는 사람 혹은 사물을 어떤 장소에 '남겨두다', '고정하다'라는 뜻이다.

○ '出'의 파생용법

- 我听出了她是上海人。 [숨어 있던 상태가 겉으로 드러남]
  Wǒ tīngchū le tā shì Shànghǎi rén.
  저는 그녀가 상하이 사람임을 들어서 알아차렸어요.

○ '下'의 파생용법

- 请留下您的姓名和电话。 [남김, 고정]
  Qǐng liúxià nín de xìngmíng hé diànhuà.
  당신의 성명과 전화번호를 남겨주세요.

3 구조조사 '的'의 생략

명사의 앞에 수식성분이 올 경우, 일반적으로 수식성분과 명사의 사이에는 구조조사 '的'가 필요하다. 그러나 일부 한 글자 형용사는 명사를 수식할 때, '的'의 도움 없이 직접 결합할 수 있다. 이는 중국인의 언어생활 속에서 자연히 발생한 용법으로 보인다.

- 好人 hǎorén 좋은 사람
- 短发 duǎnfà 짧은 머리(단발)
- 白布 báibù 흰 천

4 부사 '更'

'更'은 정도부사의 일종으로, 두 사람 혹은 두 개의 사물이나 사항을 비교하여 '좀 더'라는 뜻을 나타낸다. 비교 대상이 명확한 비교문은 물론이고, 구체적인 비교 대상이 생략되어 있어도 사용할 수 있다.

- 这个作业，我一个人写更好。　이 숙제는 저 혼자 하는 게 더 좋아요.
  Zhè ge zuòyè, wǒ yí ge rén xiě gèng hǎo.

- 饭馆的菜很好吃，但是我妈妈做的菜更好吃。
  Fànguǎn de cài hěn hǎochī, dànshì wǒ māma zuò de cài gèng hǎochī.
  식당 음식이 맛있지만, 저는 엄마가 해주신 음식이 더 맛있어요.

문형 연습

🎧 12-04

1 ___ 来 去也没 ___ 。

… … lái … qù yě méi ….

~은 계속해서 ~해도 ~할 수 없어요.

예 **我们** 商量 来 商量 去也没 商量出结果 。

Wǒmen shāngliang lái shāngliang qù yě méi shāngliang chū jiéguǒ.

우리는 계속해서 상의해도 결과가 나오지 않아요.

她	看	看出照片上的人是谁
Tā	kàn	kànchū zhàopiàn shang de rén shì shéi
他们	拐	看到教学楼
Tāmen	guǎi	kàndào jiàoxué lóu

🎧 12-05

2 有没有更 ___ 一点儿的? 더 ~한 것은 없나요?

Yǒu méiyǒu gèng … yìdiǎnr de?

예 有没有更 **便宜** 一点儿的? 더 저렴한 건 없나요?

Yǒu méiyǒu gèng piányi yìdiǎnr de?

可爱
kě'ài
好看
hǎokàn
蓝
lán

13

别忘了带护照。

Bié wàng le dài hùzhào.

여권 챙기는 것을 잊지 마세요.

📖 학습내용

- 부정 명령
- 부사 '都'의 지시 범위
- '差点儿'의 용법

- 나열의 '什么的'
- '가정복문'을 만드는 접속사 '要是'
- 베이징의 지명

단어 🎧 13-01

别 bié 부 ~하지 마라

飞机 fēijī 명 비행기

东西 dōngxi 명 물건

差点儿 chàdiǎnr 부 하마터면 ~할 뻔하다

差不多 chàbuduō 형 거의 비슷하다 부 거의

节目 jiémù 명 프로그램

游戏 yóuxì 명 게임, 놀이

歌舞 gēwǔ 명 가무(노래와 춤)

危险 wēixiǎn 명 위험 형 위험하다

侦探 zhēntàn 명 탐정

忘 wàng 동 잊다

箱子 xiāngzi 명 상자, 트렁크, 짐

哎呀 āiyā 감 아이고

收拾 shōushi 동 정리하다

晚会 wǎnhuì 명 저녁 파티

唱歌 chàng gē 노래하다

什么的 shénme de 대 등등

要是 yàoshi 접 만약 ~라면

考 kǎo 동 (시험을) 치다

小说 xiǎoshuō 명 소설

🎧 13-02

林小英	你们是什么时候的飞机？
	Nǐmen shì shénme shíhou de fēijī?

李贤秀	明天上午八点的。
	Míngtiān shàngwǔ bā diǎn de.

林小英	箱子多不多？
	Xiāngzi duō bu duō?

金多情	我带了一个，贤秀带了两个。
	Wǒ dài le yí ge, Xiánxiù dài le liǎng ge.

李贤秀	有一个箱子是给朋友带的东西。
	Yǒu yí ge xiāngzi shì gěi péngyou dài de dōngxi.

林小英	别忘了**❶**带护照。
	Bié wàng le dài hùzhào.

李贤秀	哎呀，差点儿**❸**忘了。
	Āiyā, chàdiǎnr wàng le.

🎧 13-03

林小英　你们的东西收拾得差不多了吧？
Nǐmen de dōngxi shōushi de chàbuduō le ba?

金多情　差不多了。
Chàbuduō le.

李贤秀　小英，一起出去吃饭吧？
Xiǎoyīng, yìqǐ chūqu chī fàn ba?

林小英　今天晚上不行，我们有新年晚会。
Jīntiān wǎnshang bù xíng, wǒmen yǒu xīnnián wǎnhuì.

金多情　晚会上都❷有什么节目？
Wǎnhuì shang dōu yǒu shénme jiémù?

林小英　有唱歌、跳舞、游戏什么的❹。
Yǒu chàng gē、tiào wǔ、yóuxì shénme de.

李贤秀　有韩国歌舞吗？
Yǒu Hánguó gēwǔ ma?

林小英　当然有。要是❺有时间，你们也去吧。
Dāngrán yǒu. Yàoshi yǒu shíjiān, nǐmen yě qù ba.

李贤秀　好哇！
Hǎo wa!

문법 해설

1 부정 명령

'别'는 '了'와 함께 쓰여서 금지 혹은 필요 없음을 나타내지만, '了'를 항상 필요로 하지는 않는다.

- 那儿很危险，别走了。　그곳은 위험해요, 가지 마세요.
  Nàr hěn wēixiǎn, bié zǒu le.

- 他已经来了，你就别去了。　그는 이미 왔어요, 당신 가지 마세요.
  Tā yǐjīng lái le, nǐ jiù bié qù le.

2 부사 '都'의 지시 범위

평서문에서 부사 '都'는 자신의 앞에 있는 명사 혹은 대명사를 받아서 '모두'라는 뜻을 나타내지만, '의문사 의문문'에서는 자신보다 뒤에 오는 의문사를 받아서 그것이 복수임을 나타낸다.

- 我们三个人都有自行车。　우리 세 명은 모두 자전거가 있어요.
  Wǒmen sān ge rén dōu yǒu zìxíngchē.

- 你都去过哪儿?　당신은 어디어디에 가 봤나요?
  Nǐ dōu qùguo nǎr?

3 '差点儿'의 용법

바람직하지 않은 상황을 '다행스럽게도' 모면했음을 나타낸다. 긍정문이든 부정문이든 의미는 동일하다.

- **他差点儿迟到。**　그는 하마터면 늦을 뻔했어요.
  Tā chàdiǎnr chídào.

- **= 他差点儿没迟到。**　그는 다행히도 늦지 않았어요.
  Tā chàdiǎnr méi chídào.

바람직한 상황이 가까스로 실현되어 '다행스럽다'라는 뜻을 나타낼 경우에는 반드시 부정문이 이어진다.

- **我差点儿没见到你。**　저는 하마터면 당신을 못 볼 뻔했어요.
  Wǒ chàdiǎnr méi jiàndào nǐ.

또한, 바람직한 상황이 실현될 뻔했지만 '안타깝게도' 실현되지 못했음을 나타내기도 한다. 이때는 반드시 긍정문이 이어지며, 동사의 앞에 부사 '就'가 오는 경향이 있다.

- **他的成绩很好，差点儿就考上大学了。**
  Tā de chéngjì hěn hǎo, chàdiǎnr jiù kǎoshàng dàxué le.
  그의 성적은 좋지만 안타깝게도 대학에 합격하지 못했어요.

문법 해설

4 나열의 '什么的'

하나의 명사 뒤에 쓰이면 '기타 그런 류의 것들', 여러 개의 나열된 명사 뒤에 쓰이면 '~ 등등'이라는 뜻을 나타낸다.

- 我喜欢看侦探小说什么的。
  Wǒ xǐhuan kàn zhēntàn xiǎoshuō shénmede.
  저는 탐정소설 종류의 소설들을 보는 걸 좋아해요.

- 听听音乐、唱唱歌、跳跳舞什么的，她都很喜欢。
  Tīngting yīnyuè、chàngchang gē、tiàotiao wǔ shénmede, tā dōu hěn xǐhuan.
  음악을 듣고, 노래를 부르고, 춤을 추는 것 등등 그녀는 전부 다 좋아해요.

5 '가정복문'을 만드는 접속사 '要是'

'要是'는 주로 구어체에서 '要是…的话'의 형태로, '만약 ~(이)라면'이라는 가정의 뜻을 나타낸다. 주어는 대부분 '要是'의 뒤에 오지만, '要是'가 주어의 뒤에 오는 경우도 있다. 또한, '要是'와 '的话' 중 하나만 있더라도 가정복문은 성립된다.

- 要是明天有事儿(的话)，我不去。
  Yàoshi míngtiān yǒu shìr (de huà), wǒ bú qù.
  만약 내일 일이 있으면, 저는 안 가요.

- 你要是不知道(的话)，就去问老师。
  Nǐ yàoshi bù zhīdào (de huà), jiù qù wèn lǎoshī.
  너 만약 모르겠으면 선생님께 가서 물어봐.

문형 연습

1 差点儿 … 了。 하마터면 ~할 뻔했어요. 🎧 13-04
Chàdiǎnr … le.

예 差点儿 忘 了。 하마터면 잊어버릴 뻔했어요.
Chàdiǎnr wàng le.

来晚
lái wǎn

喝多
hē duō

剪短
jiǎn duǎn

2 要是 … , 你们 … 吧。 만약 ~하면, 여러분 ~해요. 🎧 13-05
Yàoshi …, nǐmen … ba.

예 要是 有时间 , 你们 也去 吧。 (만약) 시간 있으면, 너희들도 가자.
Yàoshi yǒu shíjiān, nǐmen yě qù ba.

喜欢
xǐhuan

方便
fāngbiàn

想吃
xiǎng chī

也买
yě mǎi

也来
yě lái

也吃
yě chī

베이징의 지명

　중국에서 유학하거나 거주한 적이 있는 사람, 혹은 여행을 다녀온 사람이 증가하면서 중국의 여러 관광지 역시 우리나라 사람들에게 친숙해졌습니다. 베이징은 특히 한국 사람이 가장 많이 찾는 관광지 중 하나로, 유명 관광지에서 한국어로 물건값을 흥정하는 장면도 흔히 볼 수 있습니다.

　그런데 베이징의 여러 지명에 음양의 법칙이 숨어 있다는 것을 아는 사람은 많지 않은 듯합니다. '天安门 Tiān'ānmén(톈안먼)'은 누구나 알고 있지만, '地安门 Dì'ānmén(디안먼)'이 있다는 걸 아는 사람은 드물고, '日坛 Rìtán(르탄)'은 가보았어도, '月坛 Yuètán(위에탄)'은 들어본 적도 없다는 사람이 많습니다. 또한, '前门 Qiánmén(쳰먼)'의 북쪽에 톈안먼 광장이 자리하고 있다면, 서쪽에는 '宣武门 Xuānwǔmén(쉬앤우먼)', 동쪽에는 '崇文门 Chóngwénmén(충원먼)'이 위치하여 '문(文)'과 '무(武)'가 서로 균형을 잡고 있습니다. 이러한 이름의 법칙을 잘 살펴보면서 짝을 이루고 있는 장소를 서로 비교하며 둘러보는 것도 흥미로운 경험이 아닐까요?

14

你的行李超重了。
Nǐ de xíngli chāozhòng le.
당신의 짐은 중량이 초과되었습니다.

학습내용

- 동사의 진행형과 '着'
- 조동사 '会'의 용법
- 복합방향보어

단어 🎧 14-01

行李 xíngli 명 짐	超重 chāozhòng 동 중량을 초과하다
着 zhe 조 지속을 나타내는 조사	托运 tuōyùn 동 짐을 부치다, 탁송하다
大 dà 형 크다	随身 suíshēn 동 휴대하다
看 kān 동 지키다, 돌보다	机票 jīpiào 명 항공권
上来 shànglái 동 올라오다 [복합방향보어]	拿 ná 동 가지다, 들다
一些 yìxiē 양 약간	出来 chūlái 동 나오다 [복합방향보어]
公斤 gōngjīn 명 킬로그램(kg)	算 suàn 동 그만두다, 계산하다
交 jiāo 동 (돈을) 내다	登机牌 dēngjīpái 명 탑승권

🎧 14-02

李贤秀　多情，你在这儿等着**❶**，
　　　　Duōqíng, nǐ zài zhèr děngzhe,

　　　　我去托运一下儿行李。
　　　　wǒ qù tuōyùn yíxiàr xíngli.

金多情　两个箱子都要托运吗？
　　　　Liǎng ge xiāngzi dōu yào tuōyùn ma?

李贤秀　大一点儿的托运，小一点儿的随身带着**❶**。
　　　　Dà yìdiǎnr de tuōyùn, xiǎo yìdiǎnr de suíshēn dàizhe.

金多情　小箱子放我这儿，我看着**❶**。
　　　　Xiǎo xiāngzi fàng wǒ zhèr, wǒ kānzhe.

🎧 14-03

职　员　　护照和机票给我看看。
　　　　　Hùzhào hé jīpiào gěi wǒ kànkan.

李贤秀　　好的。
　　　　　Hǎo de.

职　员　　这是要托运的行李吗？放上来❸吧。
　　　　　Zhè shì yào tuōyùn de xíngli ma? Fàng shànglái ba.

李贤秀　　你看不会❷超重吧？
　　　　　Nǐ kàn bú huì chāozhòng ba?

职　员　　哎呀，你的行李超重了，要拿出一些来❸吗？
　　　　　Āiyā, nǐ de xíngli chāozhòng le, yào náchū yìxiē lái ma?

李贤秀　　超重多少？
　　　　　Chāozhòng duōshao?

职　员　　一公斤。
　　　　　Yì gōngjīn.

李贤秀　　算了。我交钱吧。
　　　　　Suàn le. Wǒ jiāo qián ba.

(贤秀交完钱后)

职　员　　这是登机牌，请拿好。
　　　　　Zhè shì dēngjīpái, qǐng náhǎo.

李贤秀　　谢谢。
　　　　　Xièxie.

문법 해설

1 동사의 진행형과 '着'

중국어의 진행형은 '주어 + 正 + 在 + 동사 + 着 + (목적어) + 呢'로 나타내는데, '正', '在', '着', '呢' 이 네 가지 성분 중 적어도 한 가지 성분만 있으면 진행형을 나타낼 수 있다. 다만, 진행형은 다시 '동작의 진행(움직임이 있음)'과 '상태의 지속(움직임이 없음)'으로 세분할 수 있는데, '着'를 포함하는 진행형은 '상태의 지속', 다시 말해서 움직임이 느껴지지 않는 표현에 쓰이는 경향이 있다.

- 他在床上躺着呢。　그는 침대에 누워 있어요.
  Tā zài chuángshang tǎngzhe ne.

- 她拿着手机。　그녀는 휴대전화를 들고 있어요.
  Tā názhe shǒujī.

2 조동사 '会'의 용법

조동사 '会'에는 가능성을 근거로 하여 '~일 것이다', '~일지도 모른다'라는 추측의 의미를 나타내는 용법이 있다.

- 明天他会来。　내일 그가 올 거예요.
  Míngtiān tā huì lái.

- 他成绩很好，明年会考上好大学。
  Tā chéngjì hěn hǎo, míngnián huì kǎoshàng hǎo dàxué.
  그는 성적이 좋아서, 내년에 좋은 대학에 합격할 거예요.

부정문은 '不会'를 사용한다.

- 明天他不会来。　내일 그는 오지 않을 거예요.
  Míngtiān tā bú huì lái.

3 복합방향보어

'来'나 '去'가 다른 단순방향보어들과 결합하면 복합방향보어가 된다. 동작의 방향은 단순방향보어와 마찬가지로 말하는 사람을 기준점으로 판단하면 된다. 자주 볼 수 있는 복합방향보어를 표로 정리하면 다음과 같다.

	上	下	进	出	回	过	起
来	上来 shànglái 올라오다	下来 xiàlái 내려오다	进来 jìnlái 들어오다	出来 chūlái 나오다	回来 huílái 돌아오다	过来 guòlái 건너오다	起来 qǐlái 일어나다
去	上去 shàngqù 올라가다	下去 xiàqù 내려가다	进去 jìnqù 들어가다	出去 chūqù 나가다	回去 huíqù 돌아가다	过去 guòqù 건너가다	·

- 她走下去了。　그녀는 걸어 내려갔어요.
  Tā zǒu xiàqù le.

- 他从楼下跑上来了。　그는 아래층에서 뛰어 올라왔어요.
  Tā cóng lóuxià pǎo shànglái le.

일반목적어는 두 글자 복합방향보어의 사이에 놓든 혹은 그 뒤에 놓든 상관없지만, 장소목적어는 복합방향보어의 사이에 두어야 한다.

- 小金买回一本小说来了。 [일반목적어]
  Xiǎo Jīn mǎihuí yì běn xiǎoshuō lái le.
  샤오진은 소설책 한 권을 사서 돌아왔어요.

  = 小金买回来了一本小说。
  Xiǎo Jīn mǎi huílái le yì běn xiǎoshuō.

- 王老师走进教室来了。 [장소목적어]
  Wáng lǎoshī zǒujìn jiàoshì lái le.
  왕 선생님께서 교실로 걸어 들어오셨어요.

문형 연습

1 동사 + 복합방향보어 + 吧。 (~ 방향으로) ~하세요.   🎧 14-04

예 放上来吧。 위로 올려주세요.
Fàng shànglái ba.

拿	出来
Ná	chūlái
开	进来
Kāi	jìnlái
走	过来
Zǒu	guòlái

2 주어 + 동사 + 복합방향보어 + 목적어 。   🎧 14-05
~은 ~을 (~ 방향으로) ~해요.

예 我买回来一件羽绒服。 저는 오리털 패딩 한 벌을 사서 돌아왔어요.
Wǒ mǎi huílái yí jiàn yǔróngfú.

贤秀	拿	一张戏票
Xiánxiù	ná	yì zhāng xìpiào
爸爸	带	一件礼物
Bàba	dài	yí jiàn lǐwù

15

百闻不如一见。
Bǎi wén bùrú yí jiàn.
백문이 불여일견이다.

 학습내용

- 시량보어
- 완료의 '了'와 변화 발생의 '了'가 동시에 출현하는 경우
- 이합사(离合词)

✔️ **단어** 🎧 15-01

百闻不如一见 bǎi wén bùrú yí jiàn [성어] 백문이 불여일견이다

路 lù [명] 길	辛苦 xīnkǔ [형] 수고하다
小时 xiǎoshí [명] 시간	晚点 wǎndiǎn [동] 연착하다
怪不得 guàibude [부] 어쩐지, 과연	安排 ānpái [동] 배정하다
客随主便 kè suí zhǔ biàn 손님은 주인이 하자는 대로 따라야 한다	
听 tīng [동] 듣다, 따르다	转 zhuàn [동] 돌다
然后 ránhòu [접] 이후에	船 chuán [명] 배 [교통수단]
游览 yóulǎn [동] 유람하다	晚饭 wǎnfàn [명] 저녁식사
名菜 míngcài [명] 유명한 요리	品尝 pǐncháng [동] 맛보다
景色 jǐngsè [명] 경치	美 měi [형] 아름답다
真是 zhēnshi [부] 정말, 참, 사실상	

고유 명사

崔民辉 Cuī Mínhuī [인명] 최민휘	西湖醋鱼 Xīhú cùyú [요리] 시후 생선찜
西湖 Xīhú [지명] 시후 [항저우에 있는 유명한 호수]	

15-02

崔民辉　你们好！路上辛苦了。
　　　　Nǐmen hǎo! Lùshang xīnkǔ le.

李贤秀　等了多长时间了？
　　　　Děng le duōcháng shíjiān le?

崔民辉　等了❷半个小时❶了❷。
　　　　Děng le bàn ge xiǎoshí le.

李贤秀　飞机晚点了二十分钟❶。
　　　　Fēijī wǎndiǎn le èrshí fēnzhōng.

崔民辉　怪不得呢！
　　　　Guàibude ne!

🎧 15-03

崔民辉　你们下午怎么安排？
Nǐmen xiàwǔ zěnme ānpái?

李贤秀　客随主便[3]，听你的。
Kè suí zhǔ biàn, tīng nǐ de.

崔民辉　我们先去西湖边转转，然后坐船游览，
Wǒmen xiān qù Xīhú biān zhuànzhuan, ránhòu zuò chuán yóulǎn,

在船上吃晚饭。
zài chuánshang chī wǎnfàn.

金多情　听说西湖醋鱼是杭州的名菜。
Tīngshuō Xīhú cùyú shì Hángzhōu de míngcài.

崔民辉　是啊。晚上我们就可以品尝到了。
Shì a. Wǎnshang wǒmen jiù kěyǐ pǐncháng dào le.

(他们来到西湖)

崔民辉　你们看，这就是西湖。
Nǐmen kàn, zhè jiù shì Xīhú.

李贤秀　啊！景色太美了！
Ā! Jǐngsè tài měi le!

金多情　真是百闻不如一见。
Zhēnshi bǎi wén bùrú yí jiàn.

문법 해설

1 시량보어

동사의 동작이나 상태와 관련된 시간의 길이를 나타내는 보어를 '시량보어'라고 한다.
시량보어 문장은 동사의 바로 뒤에 완료의 '了'(혹은 '过')를 동반하는 경향이 있다.

- 他在中国住了三年。　그는 중국에서 3년 동안 살았어요.
  Tā zài Zhōngguó zhù le sān nián.

- 我今天学习了两个小时。　저는 오늘 2시간 동안 공부했어요.
  Wǒ jīntiān xuéxí le liǎng ge xiǎoshí.

목적어가 있을 경우, 일반적으로 동사를 중복하여 '동사＋목적어＋동사＋시량보어'의
어순으로 표현하는 방법과, '동사＋시량보어＋的＋목적어'의 어순으로 표현하는 방법
이 있다.

주어 ＋ 동사 ＋ 목적어 ＋ 동사 ＋ 시량보어
我　　写　　作业　　写了　　一个半小时。　저는 한 시간 반 동안 숙제를 했어요.
Wǒ　xiě　zuòyè　xiě le　yí ge bàn xiǎoshí.

주어 ＋ 동사 ＋ 시량보어 ＋ 的 ＋ 목적어
＝ 我　　写了　　一个半小时　　的　　作业。
Wǒ　xiě le　yí ge bàn xiǎoshí　de　zuòyè.

목적어가 인칭대명사인 경우, 목적어는 시량보어의 앞에 위치한다.

주어 ＋ 동사 ＋ 목적어 [인칭대명사] ＋ 시량보어
我　等了　　　她　　　　半个小时。　저는 그녀를 30분 동안 기다렸어요.
Wǒ　děng le　　tā　　　bàn ge xiǎoshí.

목적어가 그 사람을 직접 호칭하는 인칭명사이고 시량보어가 정확하지 않은 (대략적인) 시간을 나타낼 경우, 시량보어와 목적어는 서로 자리를 바꾸어도 괜찮다.

주어 + 동사 + 목적어 [인칭명사] + 시량보어

我　等了　　　小崔　　　　一会儿。　저는 샤오추이를 잠시 동안 기다렸어요.
Wǒ　děng le　　Xiǎo Cuī　　　yíhuìr.

주어 + 동사 + 시량보어 + 목적어 [인칭명사]

= 我　等了　一会儿　　　小崔。
　Wǒ　děng le　yíhuìr　　　Xiǎo Cuī.

2 완료의 '了'와 변화 발생의 '了'가 동시에 출현하는 경우

시량보어를 포함하는 문장에 두 개의 '了'가 동시에 출현하는 경우, 앞에 있는 '了'는 동작의 완료, 끝에 있는 '了'는 변화의 발생을 나타낸다. 이때 시량보어는 동작의 시작부터 말을 하고 있는 바로 그 시점까지 경과된 시간을 나타내기 때문에 동작이 완료된 것이 아님을 명심해야 한다.

- **我在上海住了三年。**　저는 상하이에서 3년 동안 살았어요.
  Wǒ zài Shànghǎi zhù le sān nián.

- **我在上海住了三年了。**　저는 상하이에서 (지금까지) 3년째 살고 있어요.
  Wǒ zài Shànghǎi zhù le sān nián le.

첫 번째 예문은 '(과거에) 내가 상하이에서 3년 거주한 사실이 있음'을 나타내며, 두 번째 예문은 '내가 3년 전부터 지금까지 상하이에서 살고 있음'을 나타낸다.

3 이합사(离合词)

일부 2음절 동사는 다른 동사에 비해 두 글자 사이의 결합력이 약하기 때문에 조사, 각종 보어 혹은 양사, 기타 성분 등을 중간에 삽입할 수 있는데, 이를 '이합사(离合词)' 라고 한다. 중국어 사전에는 병음 사이에 공백을 두거나 기호 '∥'를 삽입하여 일반 동 사와 구분하고 있다.

- 随便 suí∥biàn 图 마음대로 하다

  请随你的便。　당신이 편한 대로 하세요.
  Qǐng suí nǐ de biàn.

- 生气 shēng∥qì 图 화내다

  爸爸没跟女儿生过气。　아버지는 딸에게 화를 낸 적이 없어요.
  Bàba méi gēn nǚ'ér shēngguo qì.

1 ⋯⋯ **了二十分钟。** ～은 20분 동안 ～했어요.
⋯⋯ le èrshí fēnzhōng.

🎧 15-04

예 **飞机 晚点 了二十分钟。** 비행기가 20분 연착했어요.
Fēijī wǎndiǎn le èrshí fēnzhōng.

我 Wǒ	锻炼 duànliàn
他们 Tāmen	玩儿 wánr
她 Tā	躺 tǎng

2 **我们先 ⋯, 然后 ⋯。**
Wǒmen xiān ⋯, ránhòu ⋯.
우리는 먼저 ～하고, 그 다음에 ～해요.

🎧 15-05

예 **我们先 去西湖边转转 , 然后 坐船游览 。**
Wǒmen xiān qù Xīhú biān zhuànzhuan, ránhòu zuò chuán yóulǎn.
우리는 먼저 시후 쪽에 가서 좀 돌아보고, 그 다음에 배를 타고 유람을 해요.

剪头发 jiǎn tóufa	去买衣服 qù mǎi yīfu
去杭州 qù Hángzhōu	去苏州 qù Sūzhōu

중국어 보충설명

이합사(离合词)란?

　　2음절 동사 중에서 두 글자의 결합력이 다른 동사에 비해 약하기 때문에 중간에 조사, 각종 보어 혹은 양사, 기타 성분 등을 삽입할 수 있는 단어들이 있습니다. 이러한 동사의 두 글자는 때로는 떨어져 있기도 하고(离), 때로는 붙어 있기도 하기(合) 때문에 '이합사(离合词)'라고 부릅니다.

　　이를 다른 관점에서 본다면, 첫 번째 음절은 동사적인 성격이 강하게 남아 있고, 두 번째 음절은 명사로서 목적어의 어감이 짙기 때문에 두 글자 동사로까지 진화하지 못하고 '동사＋목적어' 구조의 단어로 남아 있는 것이라고 정의할 수 있습니다.

　　예를 들어 '结婚 jié//hūn'의 경우, '결혼하다'로 해석하면 일반 동사처럼 보일 수 있지만, '혼인을 맺다'처럼 각 글자의 의미를 풀어서 해석하면 '结 jié(맺다)'의 동사적 성격과 '婚 hūn(혼인)'의 명사적 성격이 좀 더 뚜렷하게 느껴질 것입니다. 이런 차이가 있기 때문에 '结婚'이라는 동사는 중국어에서 일반적인 동사가 아니라 이합사로 분류되고 있는 것입니다. 따라서 '그는 두 번 결혼한 적이 있어요.'라는 표현은 '他结婚过两次。Tā jié hūn guo liǎng cì.'가 아니라 '他结过两次婚。Tā jiéguo liǎng cì hūn.'으로 표현해야 합니다.

　　어떤 단어가 이합사이고 어떤 단어가 동사인지는 중국인의 어감과 관련되어 있어서 명확하게 정의를 내리기 어렵습니다. 그렇지만 어떤 단어가 이합사라면 그 반대말도 이합사라는 점은 확실합니다. 따라서 '结婚 jié//hūn'이 이합사이기 때문에 반대말인 '离婚 lí//hūn(이혼하다)' 역시 이합사로 간주해야 한다는 건 쉽게 알 수 있겠죠?

16 复习 2

Fùxí 2

복습 2

📖 학습내용

- 접속사 '或(者)'와 접속사 '还是'
- 내용 Check!

✏️ 단어 16-01

开心 kāixīn 혱 즐겁다	公园 gōngyuán 몡 공원
…的时候 …de shíhou ~할 때	或 huò 쩹 혹은
近 jìn 혱 가깝다	站台 zhàntái 몡 플랫폼, 승강장
元旦 yuándàn 몡 (양력) 설날	陪 péi 동 모시다

我和贤秀在北京生活快一年了，我们过得
Wǒ hé Xiánxiù zài Běijīng shēnghuó kuài yì nián le, wǒmen guò de

非常开心。下课以后，我们常常骑着自行车去
fēicháng kāixīn. Xià kè yǐhòu, wǒmen chángcháng qízhe zìxíngchē qù

附近的学校、公园转转，我们的好朋友小英
fùjìn de xuéxiào、gōngyuán zhuànzhuan, wǒmen de hǎo péngyou Xiǎoyīng

有时也一起去。周末的时候，我们去游览北京的
yǒushí yě yìqǐ qù. Zhōumò de shíhou, wǒmen qù yóulǎn Běijīng de

名胜古迹。远的地方我们坐轻轨、地铁或★
míngshèng gǔjì. Yuǎn de dìfang wǒmen zuò qīngguǐ、dìtiě huò

出租车，近的地方，我们就骑自行车去。
chūzūchē, jìn de dìfang, wǒmen jiù qí zìxíngchē qù.

北京的公共汽车又方便又便宜，我们也常常
Běijīng de gōnggòng qìchē yòu fāngbiàn yòu piányi, wǒmen yě chángcháng

坐公共汽车去游览。
zuò gōnggòng qìchē qù yóulǎn.

十月的一个周末，我和贤秀去大同玩儿了。
Shí yuè de yí ge zhōumò,　　wǒ hé Xiánxiù qù Dàtóng wánr le.

我们是坐火车去的。大同不太远，坐六个小时的
Wǒmen shì zuò huǒchē qù de.　Dàtóng bú tài yuǎn,　zuò liù ge xiǎoshí de

火车就到了。走的那天，我没赶上学校的车，
huǒchē jiù dào le.　Zǒu de nà tiān,　wǒ méi gǎnshàng xuéxiào de chē,

差点儿去晚了。我到站台的时候，贤秀已经上去
chàdiǎnr qù wǎn le.　Wǒ dào zhàntái de shíhou,　Xiánxiù yǐjīng shàngqù

了，火车马上就要开了，好险哪。我们去和回来的
le,　huǒchē mǎshàng jiùyào kāi le,　hǎo xiǎn na.　Wǒmen qù hé huílái de

晚上都在火车上，这样又省时间又省钱。
wǎnshang dōu zài huǒchē shang, zhèyàng yòu shěng shíjiān yòu shěng qián.

大同有许多名胜古迹，我们在那儿玩儿了两天，
Dàtóng yǒu xǔduō míngshèng gǔjì,　wǒmen zài nàr wánr le liǎng tiān,

非常愉快。
fēicháng yúkuài.

今年元旦我和贤秀去杭州和苏州游览了。
Jīnnián yuándàn wǒ hé Xiánxiù qù Hángzhōu hé Sūzhōu yóulǎn le.

在北京，我们先给杭州的西湖宾馆打电话预订
Zài Běijīng,　wǒmen xiān gěi Hángzhōu de Xīhú bīnguǎn dǎ diànhuà yùdìng

房间。我们订的是单人间，每天280块。
fángjiān.　Wǒmen dìng de shì dānrénjiān,　měitiān èrbǎi bāshí kuài.

订上房间后，贤秀给他的朋友崔民辉
Dìngshang fángjiān hòu, Xiánxiù gěi tā de péngyou Cuī Mínhuī

发E-mail，告诉他我们要去苏杭玩儿。他非常
fā E-mail,　gàosu tā wǒmen yào qù Sū Háng wánr.　Tā fēicháng

高兴，说要是有时间，一定陪我们。
gāoxìng,　shuō yàoshi yǒu shíjiān,　yídìng péi wǒmen.

我常常听中国人说"上有天堂，下有
Wǒ chángcháng tīng Zhōngguórén shuō "shàng yǒu tiāntáng, xià yǒu

苏杭"，来到杭州后真是"百闻不如一见"。
Sū Háng", láidào Hángzhōu hòu zhēnshi "bǎi wén bùrú yí jiàn".

西湖的景色太美了。
Xīhú de jǐngsè tài měi le.

我们先在西湖边上走了走，然后坐船游览，
Wǒmen xiān zài Xīhú biānshang zǒu le zǒu, ránhòu zuò chuán yóulǎn,

晚上在船上吃的饭。我们品尝了杭州的名菜西湖
wǎnshang zài chuánshang chī de fàn. Wǒmen pǐncháng le Hángzhōu de míngcài

醋鱼，非常好吃。在苏杭的三天，我们非常快乐，
Xīhú cùyú, fēicháng hǎochī. Zài Sū Háng de sān tiān, wǒmen fēicháng kuàilè,

我都不想回学校了。
wǒ dōu bù xiǎng huí xuéxiào le.

■ 접속사 '或(者)'와 접속사 '还是'

접속사 '或(者)'는 '평서문'에 쓰여서 몇 개의 가능성을 제시한다. 비슷한 의미로 착각하기 쉬운 접속사 '还是'는 평서문이 아니라 '의문문'에서 상대방에게 선택할 수 있는 선택지를 제시한다.

◉ A＋或(者)huò(zhě)＋B。　A 혹은 B이다. [평서문]

- 每个星期天，我看电视或者看电影。
  Měi ge xīngqītiān, wǒ kàn diànshì huòzhě kàn diànyǐng.
  매주 일요일에 저는 텔레비전을 보거나 영화를 봐요.

◉ A＋还是háishi＋B?　A인가요, 아니면 B인가요? [선택의문문]

- 你今天去还是明天去?　당신은 오늘 가나요, 아니면 내일 가나요?
  Nǐ jīntiān qù háishi míngtiān qù?

내용 Check!

1 周末的时候，他们怎么去游览北京?
Zhōumò de shíhou, tāmen zěnme qù yóulǎn Běijīng?

2 他们去大同玩儿的那天发生了什么?
Tāmen qù Dàtóng wánr de nà tiān fāshēng le shénme?

3 元旦的时候，他们去哪儿了?
Yuándàn de shíhou, tāmen qù nǎr le?

4 他们品尝了什么?
Tāmen pǐncháng le shénme?

5 他们玩儿得怎么样?
Tāmen wánr de zěnmeyàng?

본문 해석

01 今天汇率是多少?

본문 1

이현수 학교 근처에 은행이 있니?
김다정 있어. 뭐 하러 가려고?
이현수 환전하러 가려고. 너 오늘 환율이 어떻게 되는지 아니?
김다정 몰라. 네가 인터넷으로 한번 찾아보는 게 좋겠어.

본문 2

이현수 안녕하세요! 저 환전하려고 합니다.
직원 어느 나라 화폐로 환전하시나요?
이현수 중국 인민폐요.
직원 얼마나 환전해드릴까요?
이현수 100달러요.
직원 잠시만 기다리세요. 고객님, 여기 있습니다. 전부 합해서 670위안입니다.

02 去哪儿剪头发好呢?

본문 1

이현수 나 머리카락이 길었어. 머리를 잘라야겠어.
마린 나도 그래. 그런데 어디로 자르러 가면 좋을까?
이현수 듣자 하니 학교 안에 한국 미용실이 있다던데, 우리 한번 가보자.
마린 좋아.

본문 2

미용사 실례지만, 머리 자르실 건가요?
이현수 맞습니다.
미용사 어느 분이 먼저 하시겠어요?
이현수 제가 먼저 하죠.
미용사 앉으세요. 어떤 스타일로 잘라드릴까요?
이현수 제 지금 헤어스타일과 같은데, 조금만 짧게요.

03 给谁发短信?

본문 1

김다정 현수야, 너 뭐 하고 있어?
이현수 나 문자 보내고 있어.
김다정 누구에게 문자 보내는데?
이현수 우리 어머니한테.
김다정 왜 전화로 안 하고?
이현수 문자로 보내는 게 더 좋아.

본문 2

린샤오잉 현수 오빠, 어디 가려고?
이현수 우체국에 편지 부치러 가는데, 갈래?
린샤오잉 아니, 난 도서관 가려고. 나 대신에 우표 몇 장만 사다 줘.
이현수 어떤 걸로 원하니?
린샤오잉 8마오 짜리로 10장. 여기 돈 있어.
이현수 됐어. 우선 내 돈으로 살게.

04 冬天快要到了。

본문 1

이현수 곧 겨울이 오려고 해. 나 오리털 패딩 한 벌 사러 가고 싶어.
김다정 나도 사고 싶어. 우리 같이 가자.
이현수 어디 가서 사는 게 좋을까?
김다정 우리 샤오잉에게 좀 물어보러 가자.

본문 2

김다정 샤오잉, 우리 옷 사고 싶은데, 네가 보기에 어디로 사러 가는 게 좋을 것 같아?
린샤오잉 그런 곳은 너무 많지. 어떤 옷을 사고 싶은데?
이현수 겨울에 입을 오리털 패딩.
린샤오잉 내가 한 군데 알아. 그곳의 옷은 예쁘고 저렴하기도 해.
김다정 어디에 있어?
린샤오잉 둘 다 잘 모르니까 내가 두 사람을 데리고 가는 게 좋겠어.

김다정   정말 잘 됐다.

05 今天你要请客吗?

본문 1

김다정   오늘 너 뭐 먹고 싶어?
이현수   오늘은 주말이니까, 우리 레스토랑에 먹으러 가자.
김다정   오늘 네가 한턱낼 거야?
이현수   하하! 그래, 괜찮아. 내가 돈 낼게. 네가 가서 샤오
          잉도 한번 불러 와.

본문 2

종업원   메뉴판입니다. 무엇을 주문하시겠습니까?
이현수   샤오잉, 다정아. 둘이서 한번 보고 마음대로 시켜.
린샤오잉 우리 한 사람당 요리 하나씩 시키자. 나는 궈바탕
          으로 시킬게.
김다정   나는 징장러우쓰로 할게.
이현수   나는 티에반 니우리우로 할래. 뭘 좀 마실래? 맥
          주 아니면 음료수?
김다정   맥주로 하자.
린샤오잉 좋아. 맥주 두 병 주세요.
종업원   잠시 기다려주세요.

06 你哪儿不舒服?

본문 1

김다정   현수야, 곧 수업 가야 하는데 왜 아직도 안 일어나
          고 있어?
이현수   나 몸이 좀 불편해. 네가 나 대신 쉬겠다고 좀 말
          해줘.
김다정   어디가 안 좋은 거야?
이현수   배가 좀 아파.
김다정   많이 아파? 병원에 가야 하지 않아?
이현수   심하지는 않아. 조금 누워 있으면 좋아질 거야.
김다정   그럼 푹 좀 쉬어.

본문 2

김다정   현수야, 좀 좋아졌어?
이현수   많이 좋아졌어.
김다정   이건 널 위해 사온 점심밥이야. 뜨거울 때 먹어.
이현수   폐를 끼치고 말았네.
김다정   폐는 무슨.

07 欢迎你们常来玩儿。

본문 1

김다정   현수야, 샤오잉이 우리를 자기 집에 초대했어.
이현수   좋아. 우리 언제 갈까?
김다정   수업 끝나고 바로 가자.
이현수   그래.

본문 2

린샤오잉 환영해. 어서 들어와!
김다정   이건 우리의 작은 성의니까 받아줘.
린샤오잉 고마워. 내가 일단 소개를 좀 할게. 이쪽이 우리
          아빠, 이쪽이 우리 엄마야. 아빠, 엄마, 이쪽은 다
          정이 언니고, 이쪽은 현수 오빠야.
아빠·엄마 어서 앉아요.
이현수   두 분 안녕하세요! 할아버지, 할머니는 안 계시니?
린샤오잉 두 분은 여행 가셨어. 내일에나 돌아오실 거야.
엄마   음식 식겠어요. 우리 먹으면서 이야기를 나눠요.
린샤오잉 그래. 언니 오빠, 봐봐. 이 요리들은 모두 우리 엄
          마가 직접 하신 거야.
김다정   정말 예쁘다.
아빠   두 사람이 자주 놀러 오면 좋겠네요. 자, 건배!
다 함께   건배!

08 复习1

저는 한국 학생 김다정이에요. 제가 중국어를 공부하러 베
이징에 온 지도 벌써 여섯 달이 다 되어가요. 저는 베이징을
정말 좋아해요. 저와 제 절친인 이현수, 린샤오잉은 함께 공부
하고, 함께 놀러 다니며 우리들은 하루하루가 정말 즐거워요.

학교 안에는 은행, 우체국, 병원, 미용실 등이 있어서 정말 편리해요. 저는 매일 오전에 수업이 네 시간 있어요. 수업이 끝난 뒤에 저는 친구들과 식사를 하러 구내 식당에 가요. 우리들은 한편으로는 밥도 먹고, 한편으로는 잡담도 하는데 정말 즐거워요. 오후에 저는 책을 읽으러 도서관에 가고, 저녁에는 기숙사에서 공부해요. 주말에는 종종 친구들과 영화를 보러 가요.

이번 주말에 저와 현수는 중국인 친구 린샤오잉네 집에 손님으로 갔어요. 샤오잉네 집은 정말 예뻐요. 그녀의 아버지와 어머니는 아주 친절하세요. 우리들은 샤오잉네 집에서 맥주를 두 병 마시고, 많은 요리를 먹었어요. 저는 중국 음식이 맛도 있고 보기에도 좋다고 생각해요. 저는 중국요리 만드는 걸 배우고 싶어요.

09 你会骑自行车吗?

본문 1

이현수 이번 주말에 나는 자전거를 한 대 사러 가고 싶어.
김다정 너 자전거 탈 수 있니?
이현수 당연히 탈 수 있지. 나 잘 타. 자전거를 타면 몸도 단련할 수 있어.
김다정 중국은 집집마다 자전거가 두세 대는 꼭 있다고 하더라고.
이현수 그건 벌써 옛날 일이야.

본문 2

김다정 현수야, 네 자전거는?
이현수 1층 자전거 보관소에 두었어.
김다정 내가 한번 타보게 빌려줄 수 있어? 베이징대학에 한번 가보고 싶어서.
이현수 당연히 괜찮지. 이게 열쇠야.
김다정 네 자전거가 무슨 색이지?
이현수 파란색 자전거야. 내가 같이 가줄게.

10 你们去过天安门吗?

본문 1

린샤오잉 언니 오빠, 천안문에 가본 적 있어?
김다정 간 적 있지.
린샤오잉 언제 갔었어?
이현수 지난 주에.
린샤오잉 택시 타고 갔던 거지?
김다정 택시 타면 가끔 막히니까, 우리는 경궤전철과 지하철을 타고 갔어.
린샤오잉 언니 오빠 정말 대단하다!

본문 2

린샤오잉 베이징에 온 뒤에 언니 오빠 경극을 본 적 있어?
이현수 본 적 없어.
린샤오잉 나한테 경극 티켓이 세 장 있는데, 토요일 저녁 티켓이야. 우리 함께 가자.
김다정 나하고 현수가 보고 이해할 수 있을까?
린샤오잉 보고 이해할 수 있어. 자막이 있고, 음악도 있어서 괜찮아.
이현수 우리 어떻게 가지?
린샤오잉 버스를 타고 가면 돼.

11 大同有什么好玩儿的吗?

본문 1

이현수 너 통지문 봤어? 주말에 학교에서 학생들을 모아서 다퉁으로 여행 간대.
김다정 주말에 가면 월요일에 돌아올 수 있을까?
이현수 돌아올 수 있어. 금요일 저녁에 가서 일요일 오전에 돌아오니까 시간도 절약되고 돈도 절약돼.
김다정 다퉁에 무슨 재미있는 놀거리가 있니?
이현수 있어. 거기는 명승지가 정말 많아.

본문 2

열차승무원	열차가 곧 출발합니다. 빨리 승차하세요.
이현수	잠시만 기다려 주세요. 아직 친구 한 명이 안 왔거든요.
열차승무원	올라가서 기다리세요.
이현수	알겠습니다.
	(잠시 후)
김다정	현수야. 미안해. 내가 또 늦게 왔네.
이현수	다정아. 빨리 올라와. 열차가 곧 출발할 거야.
김다정	나 학교 차를 놓쳐서 택시를 타고 왔어.
이현수	정말 아슬아슬했어!

12 我想预订房间。

본문 1

린샤오잉	곧 새해가 되겠네. 언니 오빠는 어디로 놀러 가볼 계획이야?
김다정	우린 그 일에 대해서 상의하고 있어.
이현수	근데 아무리 이런저런 상의를 해도 결론이 나오질 않아.
김다정	너 무슨 좋은 조언이라도 있어?
린샤오잉	언니 오빠. 쑤저우와 항저우에 한번 가봐야 할 걸.
이현수	맞아! '하늘에 천당이 있다면, 땅에는 쑤저우와 항저우가 있다'라는 말도 있잖아!

본문 2

종업원	시후호텔입니다. 무슨 일이시죠?
이현수	방을 예약하고 싶은데요.
종업원	어떤 방을 원하시나요? 일반룸 아니면 스위트룸?
이현수	저는 1인실을 예약하려고 하는데. 1인실은 하루에 얼마죠?
종업원	1인실은 하루에 280위안입니다.
이현수	좀 더 저렴한 방은 없나요?
종업원	없습니다.
	(잠시 후)
이현수	내년 1월 1일, 2일, 3일로 1인실 두 개 예약할게요.
종업원	손님의 성함과 전화번호를 남겨주세요.
이현수	알겠습니다.

13 别忘了带护照。

본문 1

린샤오잉	언니 오빠. 몇 시 비행기야?
이현수	내일 오전 8시 비행기야.
린샤오잉	트렁크는 많아?
김다정	나는 하나 가지고 가고, 현수는 두 개 가지고 가.
이현수	트렁크 하나는 친구에게 가져다주는 물건이야.
린샤오잉	여권 가지고 가는 거 잊지 마!
이현수	아이고. 하마터면 잊을 뻔했어.

본문 2

린샤오잉	언니 오빠. 물건 정리 거의 다 했어?
김다정	거의 다 했어.
이현수	샤오잉. 함께 밥 먹으러 나갈까?
린샤오잉	오늘 저녁은 안 돼. 우리는 새해 파티가 있거든.
김다정	파티에는 어떤 프로그램들이 있어?
린샤오잉	노래, 댄스, 게임 기타 등등이 있지.
이현수	한국 노래와 댄스도 있어?
린샤오잉	당연히 있지. 시간이 있으면 언니 오빠도 가자.
이현수	좋아!

14 你的行李超重了。

본문 1

이현수	다정아. 넌 여기에서 기다리고 있어. 내가 짐을 좀 맡기러 갈 테니까.
김다정	트렁크 두 개 다 맡길 거야?
이현수	좀 큰 거는 맡기고, 좀 작은 거는 휴대할 거야.
김다정	작은 트렁크는 여기에 놓아둬. 내가 보고 있을 테니까.

본문 2

직원	여권과 비행기 티켓을 제게 좀 보여주세요.
이현수	알겠습니다.
직원	이게 맡기실 짐인가요? 위에 올려두세요.
이현수	보시기에 중량초과는 아니겠지요?

직원	이런, 중량이 초과되었네요. 뭘 좀 꺼내시겠습니까?
이현수	얼마나 초과되었나요?
직원	1킬로그램이요.
이현수	됐습니다. 요금을 지불하겠습니다.
	(현수가 요금을 지불한 다음)
직원	탑승권입니다. 잘 가지고 계세요.
이현수	감사합니다.

15 百闻不如一见。

본문 1

최민휘	여러분 안녕하세요! 오시느라 수고하셨어요.
이현수	얼마나 기다리셨어요?
최민휘	30분 기다렸어요.
이현수	비행기가 20분 연착했어요.
최민휘	어쩐지!

본문 2

최민휘	여러분 오후 계획은 어떻게 하실 건가요?
이현수	손님은 주인이 하는 대로 따라 해야죠. 민휘 씨 말대로 할게요.
최민휘	우리 먼저 시후 근처에 가서 좀 돌아보고, 그 다음에는 유람선을 타고 배 위에서 저녁식사를 하죠.
김다정	시후 생선찜이 항저우의 대표 요리라고 들었어요.
최민휘	그렇습니다. 저녁에 맛보실 수 있을 거예요.
	(세 사람 모두 시후에 도착했다)
최민휘	보세요. 이곳이 바로 시후랍니다.
이현수	아! 경치가 정말 아름답네요!
김다정	정말 백문이 불여일견이네요.

16 复习2

저와 현수가 베이징에서 생활한지도 거의 일 년이 다 되어가요. 우리는 정말 즐겁게 생활하고 있어요. 수업이 끝난 뒤 우리들은 종종 자전거를 타고 근처의 학교나 공원을 돌아보러 가는데, 우리의 절친인 린샤오잉도 때때로 함께 가곤 해요. 주말이 되면, 우리들은 베이징의 명승지를 구경하러 가요. 먼 곳은 경궤전철, 지하철 혹은 택시를 타고, 가까운 곳은 자전거를 타고 가요. 베이징의 버스는 편리하기도 하고 저렴하기도 하기 때문에 우리도 버스를 타고 구경하러 가요.

10월 어느 주말, 저와 현수는 다퉁에 놀러 갔어요. 우리는 기차를 타고 갔어요. 다퉁은 멀지 않아서 기차 타고 6시간이면 바로 도착해요. 가던 날, 제가 학교 차 시간에 대어가지 못해서 거의 늦을 뻔했어요. 제가 승차장에 도착했을 때, 현수는 이미 기차에 타고 있었고, 기차는 금방이라도 출발하려고 해서 정말 아슬아슬했어요. 우리는 갈 때와 돌아올 때 저녁은 모두 기차에서 지냈는데, 이렇게 하면 시간도 돈도 절약돼요. 다퉁에는 수많은 명승지가 있고, 우리는 그곳에서 이틀을 지내면서 정말 즐거웠어요.

올해 1월 1일 저와 현수는 항저우와 쑤저우로 관광을 갔어요. 베이징에서 우리는 먼저 항저우의 시후호텔로 전화를 걸어 방을 예약했어요. 우리가 예약한 것은 1인실로, 하루에 280위안이었어요. 방을 예약한 다음, 현수는 친구인 최민휘에게 메일을 보내서, 현수와 제가 쑤저우와 항저우에 놀러 갈 것이라고 알렸어요. 그는 매우 기뻐하며, 시간이 있으면 꼭 우리를 안내하겠다고 말했어요.

중국인이 '하늘에 천당이 있다면, 땅에는 쑤저우와 항저우가 있다'라고 하는 걸 종종 들었는데, 항저우에 온 뒤에 정말로 백문이 불여일견임을 느꼈어요. 시후의 경치는 정말 아름다웠어요. 우리들은 먼저 시후 주변을 좀 걸었고, 그 다음에 배를 타고 유람을 했어요. 저녁에는 배 위에서 밥을 먹었어요. 우리들은 항저우의 유명 요리인 시후 생선찜을 먹었는데, 정말 맛있었어요. 쑤저우와 항저우에서의 3일 동안, 우리는 정말 즐거웠고, 저는 심지어 학교로 돌아가고 싶지 않아졌어요.

说 말하기
听 듣기
念 읽기
写 쓰기 정복!

新步步高

步步高

중국어 초급

WORK
BOOK

程相文 · 김준헌 저

步步高는
한 걸음 한 걸음 올라간다는 뜻으로
'사다리'를 가리키는 중국어입니다.

시사중국어사

新 보보고

步步高

중국어 초급

新

WORKBOOK

시사중국어사

01 과

听 Listening

1 녹음을 듣고 보기 중 답을 고르세요. 🎧 01-01

(1) 我想去哪儿? (① 学校 / ② 银行)

(2) 他想做什么? (① 上网 / ② 上课)

(3) 她想换什么钱? (① 美元 / ② 人民币)

(4) 他想知道什么? (① 想知道电话号码 / ② 想知道今天的汇率)

2 녹음을 듣고 문장의 옳고 그름을 판단해 보세요. 🎧 01-02

(1) 贤秀想查汇率。 ○ □ ✕ □

(2) 学校附近有一个银行。 ○ □ ✕ □

(3) 小英正在查手机号码。 ○ □ ✕ □

(4) 多情想知道李老师的电话号码。 ○ □ ✕ □

(5) 贤秀不知道学校附近有没有银行。 ○ □ ✕ □

1 다음 문장을 읽어 보세요. 🎧 01-03

(1) 我想换手机。 / 我想换房间。

(2) 我想去换钱。 / 我想去吃饭。

(3) 他查电话号码。 / 他查护照号码。

(4) 他查今天的汇率。 / 我们查李老师的手机号码。

(5) 请等一会儿。 / 请休息一会儿。

(6) 学校附近没有银行。 / 我家附近没有大学。

(7) 我家附近有一个学校。 / 学校里有三座教学楼。

(8) 你知道他有几个妹妹吗? / 你知道他叫什么名字吗?

(9) 你知道他的电话号码是多少吗? / 你知道今天是几号吗?

2 다음 글을 읽고 질문에 답하세요. 🎧 01-04

> 我们学校附近没有银行。我不知道去哪儿换钱，也不知道汇率是多少。老师说，我可以上网查一查。现在我知道了! 我家附近就有一个银行。汇率是一美元换六块七人民币。

(1) 学校附近有没有银行? → 〰〰〰〰〰〰〰〰〰〰

(2) 现在 "我" 知道不知道汇率是多少? → 〰〰〰〰〰〰〰

(3) 银行在哪儿? → 〰〰〰〰〰〰〰〰〰〰

1 한자를 병음으로 써 보세요.

(1) 查

(2) 以

(3) 百

(4) 换

(5) 共

(6) 网

(7) 银

(8) 率

2 병음을 한자로 써 보세요.

(1) zhīdào

(2) rénmínbì

(3) kěyǐ

(4) huìlǜ

3 병음으로 된 문장을 중국어 문장으로 바꾸어 보세요.

(1) Qǐng děng yíhuìr.

→

(2) Xiānsheng, gěi nǐ qián.

→

(3) Xiànzài wǒ xiǎng qù shàng wǎng.

→

(4) Nǐ zhīdào qù jiàoxué lóu zěnme zǒu ma?

→

1 그림을 보며 문장을 만들어 보세요.

(1) '有'를 사용하여 말하기

❶

~~~~~~~~~~~~~~~~~~~~~~ 有 ~~~~~~~~~~~~~~~~~~~~~~。

❷

~~~~~~~~~~~~~~~~~~~~~~ 有 ~~~~~~~~~~~~~~~~~~~~~~。

❸

~~~~~~~~~~~~~~~~~~~~~~ 有 ~~~~~~~~~~~~~~~~~~~~~~。

(2) '给'를 사용하여 말하기

❶

~~~~~~~~~~~~~~~~~~~~~~ 给 ~~~~~~~~~~~~~~~~~~~~~~。

❷ 小狗

给 ~~~~~~~~~~~~~~~~~~~~~~~~~~~~~~~~。

❸ 手机

给 ~~~~~~~~~~~~~~~~~~~~~~~~~~~~~~~~。

(3) '可以'를 사용하여 말하기

❶

这儿可以 ~~~~~~~~~~~~~~~~~~~~~~~~~~~~~~~ 吗?

❷

这儿可以 ~~~~~~~~~~~~~~~~~~~~~~~~~~~~~~~ 吗?

❸

这儿可以 ~~~~~~~~~~~~~~~~~~~~~~~~~~~~~~~ 吗?

2 주어진 사진을 보고 상황에 맞게 대화를 완성해 보세요.

(1)

Ⓐ 老师，上课可以喝咖啡吗？

Ⓑ ＿＿＿＿＿＿＿＿＿＿＿＿ (부정형으로 답하세요.)

(2)

Ⓐ 小英，＿＿＿＿＿＿＿＿＿＿？

Ⓑ 我去银行。

Ⓐ ＿＿＿＿＿＿＿＿＿＿＿＿？

Ⓑ 是啊！我想换钱。

(3)

Ⓐ ＿＿＿＿＿＿＿＿＿＿＿＿？

Ⓑ 我不想去上网。

Ⓐ ＿＿＿＿＿＿＿＿＿＿＿＿？

Ⓑ 我想做作业。

(4)

Ⓐ 你好！我要两个房间。

Ⓑ ＿＿＿＿＿＿＿＿＿＿＿？

Ⓐ 有，我有身份证，给你。＿＿＿＿？

Ⓑ 一共660块钱。

听 Listening

1 녹음을 듣고 보기 중 답을 고르세요. 🎧 02-01

(1) 我想做什么？　　　　　　　　　　　（① 去剪头发 ／ ② 买礼物）

(2) 我要买什么样儿的手机？　　　　　　（① 大一点儿的 ／ ② 小一点儿的）

(3) 我想做什么？　　　　　　　　　　　（① 看电影 ／ ② 去吃饭）

(4) 我想做什么？　　　　　　　　　　　（① 上网 ／ ② 回家）

(5) 现在我想先做什么？　　　　　　　　（① 吃饭 ／ ② 做作业）

2 녹음을 듣고 문장의 옳고 그름을 판단해 보세요. 🎧 02-02

(1) 马林的女朋友是他的同学。　　　　　○ □　　× □

(2) 贤秀想去小英家看看。　　　　　　　○ □　　× □

(3) 贤秀想看韩国和日本的电影。　　　　○ □　　× □

(4) 多情想剪跟小英一样的发型，可是要短一点儿。○ □　　× □

(5) 今天贤秀想8点起床。　　　　　　　○ □　　× □

1 다음 문장을 읽어 보세요. 🎧 02-03

(1) 我的课跟你的一样。 / 他们的汉语老师跟我们的一样。

(2) 妹妹的手机跟他的不一样。 / 他的护照跟我们的不一样。

(3) 他的汉语很好，你的也很好。 / 她的房间很漂亮，她妹妹的呢？

(4) 你要买什么样儿的手机？ / 你要剪什么样儿的发型？

(5) 你要去哪个银行换钱？ / 你要买哪个给她？

(6) 看什么电影好呢？ / 今天下午做什么好呢？

(7) 我想去上网，可是我不知道去哪儿上。

(8) 我想去查查汇率，但是我不知道去哪儿查。

2 다음 글을 읽고 질문에 답하세요. 🎧 02-04

> 明天是小英的生日。我们要一起去吃饭。可是去哪儿吃饭好呢？我们都不知道。听说中国银行附近有一家饭馆儿很好，我们想去看看。

(1) 小英的生日是什么时候？ →

(2) 小英的生日那天"我们"想做什么？ →

(3) "我们"想去哪儿看看？ →

1 한자를 병음으로 써 보세요.

(1) 发　　　　　　　　(2) 短

(3) 长　　　　　　　　(4) 型

(5) 剪　　　　　　　　(6) 店

(7) 听　　　　　　　　(8) 头

2 병음을 한자로 써 보세요.

(1) shénme yàngr　　　　(2) tóufa

(3) tīngshuō　　　　　　(4) měifàshī

3 병음으로 된 문장을 중국어 문장으로 바꾸어 보세요.

(1) Nǐ yào jiǎn shénme yàngr de fàxíng?

→

(2) Tīngshuō xuéxiào fùjìn jiù yǒu yí ge yínháng.

→

(3) Nǎ wèi xiān jiǎn?

→

(4) Wǒmen gāi chī fàn le.

→

1 밑줄 친 부분에 근거하여 질문을 만들어 보세요.

(1) 我们去<u>学校附近的美发店</u>剪头发。 → 〰〰〰〰〰〰〰〰〰〰〰

(2) 我要剪<u>短一点儿</u>的发型。 → 〰〰〰〰〰〰〰〰〰〰〰

(3) <u>那座楼</u>就是中国银行。 → 〰〰〰〰〰〰〰〰〰〰〰

(4) 今天下午我想去<u>换钱</u>。 → 〰〰〰〰〰〰〰〰〰〰〰

2 주어진 사진을 보고 상황에 맞게 대화를 완성해 보세요.

(1)

Ⓐ 请问, 〰〰〰〰〰〰〰〰〰？

Ⓑ 对，剪头发。

Ⓐ 〰〰〰〰〰〰〰〰〰〰〰？

Ⓑ 我要剪这个发型。

(2)

Ⓐ 小英，〰〰〰〰〰〰〰！（该…了）

Ⓑ 知道了。妈妈，现在 〰〰〰〰〰？

Ⓐ 11：30。

Ⓑ 我要做作业。您先吃吧!

(3)

Ⓐ 我想买一个小狗。

Ⓑ 〰〰〰〰〰〰〰？（什么样儿）

Ⓐ 跟你的小狗一样。但是要小一点儿。

03 과

听 Listening

1 녹음을 듣고 보기 중 답을 고르세요. 🎧 03-01

(1) 贤秀在干什么呢?　　　　　　　（① 寄信 / ② 发短信）

(2) 小英去做什么?　　　　　　　　（① 去妈妈家 / ② 买礼物）

(3) 李先生要什么样儿的邮票?　　　（① 五张四块的 / ② 四张五块的）

(4) 小英去哪儿?　　　　　　　　　（① 图书馆 / ② 教学楼）

2 녹음을 듣고 문장의 옳고 그름을 판단해 보세요. 🎧 03-02

(1) 小英要先去上网。　　　　　　　○ □　　× □

(2) 贤秀去学校附近的银行换钱。　　○ □　　× □

(3) 贤秀要去美发店剪头发。　　　　○ □　　× □

(4) 多情要去图书馆学习。　　　　　○ □　　× □

1 다음 문장을 읽어 보세요. 🎧 03-03

(1) 李先生给家人写信。 / 林小姐给金小姐打电话。

(2) 我在给朋友买礼物。 / 他在给汉语老师发E-mail。

(3) 你为什么不写作业? / 你弟弟为什么不去上课?

(4) 你帮我买几张邮票吧。 / 你帮她去买饭吧。

(5) 我想买五张八毛的。 / 我想换十张十块的。

(6) 我要去邮局寄封信。 / 我要去银行换钱。

(7) 我们还是去韩国美发店。 / 我们还是星期六走。

2 다음 글을 읽고 질문에 답하세요. 🎧 03-04

我想今天上午去图书馆上网,可是我有四节课,12点下课。还是下午去吧。明天是周六,也是我的中国朋友的生日。我要给她买一个礼物。可是买什么样儿的呢?我也不知道。先去学校附近看看吧。

(1) 今天星期几? →

(2) "我"什么时候去上网?为什么不上午去? →

(3) 明天是谁的生日? →

(4) "我"要给朋友买什么样儿的礼物? →

(5) "我"要去哪儿买礼物? →

1 한자를 병음으로 써 보세요.

(1) 为 ⬚⬚⬚ (2) 毛 ⬚⬚⬚

(3) 角 ⬚⬚⬚ (4) 干 ⬚⬚⬚

(5) 封 ⬚⬚⬚ (6) 寄 ⬚⬚⬚

(7) 图 ⬚⬚⬚ (8) 用 ⬚⬚⬚

2 병음을 한자로 써 보세요.

(1) yóujú ⬚⬚⬚ (2) yóupiào ⬚⬚⬚

(3) háishi ⬚⬚⬚ (4) túshūguǎn ⬚⬚⬚

3 병음으로 된 문장을 중국어 문장으로 바꾸어 보세요.

(1) Nǐ zài gàn shénme ne? →

(2) Gěi jiāren xiě xìn háishi shǒuxiě hǎo. →

(3) Wǒ yào qù yóujú jì fēng xìn. →

(4) Nǐ wèi shénme bú zuò zuòyè ne? →

4 보기에서 적절한 단어를 골라서 문장을 완성하세요.

보기   发   买   写

(1) 她在 ⬜ 信。

(2) 她在 ⬜ E-mail。

(3) 他在 ⬜ 邮票。

보기   什么   哪儿   为什么

(4) Ⓐ 小林，你 ⬜ 不起床?

Ⓑ 我今天没有课。你今天做 ⬜ ?

Ⓐ 我去一个朋友家。我要先去买个礼物。

Ⓑ 买 ⬜ 样儿的礼物?

Ⓐ 我也不知道。你说，去 ⬜ 买好呢?

Ⓑ 去你家附近吧!

1 주어진 사진을 보고 상황에 맞게 대화를 완성해 보세요.

(1)

Ⓐ 老师，_____?

Ⓑ 我去教学楼。_____?

Ⓐ 我去图书馆学习。

(2)

Ⓐ 你好？我要一个房间。

Ⓑ _____?

Ⓐ 我要两个单人间。

Ⓑ 好的，请等一会儿。

(3)

Ⓐ 小英，我想去买手机，你去吗？

Ⓑ 我也想去看看。_____?

Ⓐ 给我妹妹买。_____?

Ⓑ 就去学校附近的手机店吧！

听 Listening

1 녹음을 듣고 빈칸을 채워 보세요. 🎧 04-01

(1) 我的咖啡 [_____] 没有了。

(2) 这件羽绒服又 [_____] 又 [_____] 。

(3) 那个房间很好，您一定 [_____] 。

(4) 小英，请你说 [_____] 一点儿。

(5) 明天我 [_____] 妹妹去学校看看。

2 녹음을 듣고 문장의 옳고 그름을 판단해 보세요. 🎧 04-02

(1) 贤秀知道一个很好的美发店。　　　　○ ☐　　✕ ☐

(2) 小林家附近有一个地方卖的衣服很好看。　○ ☐　　✕ ☐

(3) 小英去吃饭。　　　　　　　　　　　○ ☐　　✕ ☐

(4) 多情想去给小英买生日礼物。　　　　○ ☐　　✕ ☐

(5) 小英想买冬天穿的衣服。　　　　　　○ ☐　　✕ ☐

1 다음 문장을 읽어 보세요. 🎧 04-03

(1) 那儿的衣服又好看又便宜。 / 她的头发又长又黑。

(2) 他妈妈做的饭很好吃。 / 今天李小姐穿的衣服很好看。

(3) 他买的羽绒服不好看。 / 他们喝的咖啡很好喝。

(4) 她快要回家了。 / 他们快要回国了。

(5) 我们就要上课了。 / 她妹妹就要走了。

(6) 这样的地方太多了。 / 这样的衣服太多了。

(7) 那样的羽绒服不太好。 / 那样的礼物不太好。

2 다음 글을 읽고 질문에 답하세요. 🎧 04-04

妹妹的生日快要到了。我想给她买一件礼物。听说学校附近有一个地方很好，那儿的东西(dōngxi 물건)又便宜又好看。可是我不清楚那个地方在哪儿，我的同学说可以带我去，太好了。

(1) "我"想做什么? →

(2) 买礼物的地方在哪儿? →

(3) 那个地方的东西好不好? →

(4) "我"知道不知道那个地方在哪儿? →

(5) 谁带"我"去买礼物? →

1 한자를 병음으로 써 보세요.

(1) 黑 　　　　　　　　　(2) 满

(3) 穿 　　　　　　　　　(4) 带

(5) 衣 　　　　　　　　　(6) 地

(7) 冬 　　　　　　　　　(8) 件

2 병음을 한자로 써 보세요.

(1) yídìng 　　　　　　　(2) qīngchu

(3) piányi 　　　　　　　(4) mǎnyì

3 병음으로 된 문장을 중국어 문장으로 바꾸어 보세요.

(1) Wǒ xiǎng mǎi yí jiàn yǔróngfú.

→

(2) Lín xiǎojiě de tóufa yòu cháng yòu hēi.

→

(3) Wǒ bù qīngchu nà ge dìfang zài nǎr.

→

(4) Wǒ kěyǐ dài nǐmen qù.

→

4 보기에서 적절한 단어를 골라서 문장을 완성하세요.

> 보기　　又…又…　　一起　　一定　　快要…了

A 小英，我听说你买了一个小狗，[ ]很可爱吧！

B 是啊，[ ]可爱[ ]好看。

A 我想去你家看看那个小狗。

B 你和贤秀[ ]来吧！

A 我们今天下午去，可以吗？

B 可以呀！欢迎欢迎。

A 对不起，我[ ]上课[ ]！我先走了。

B 好，下午见。

5 다음 문장에서 틀린 곳을 찾아 바르게 고쳐 보세요.

(1) 我爸爸的生日明天快要到了。

　→

(2) 我的羽绒服跟他一样。

　→

(3) 她又漂亮可爱又。

　→

1 주어진 사진을 보고 상황에 맞게 대화를 완성해 보세요.

(1)

Ⓐ 小英，贤秀的生日就要到了！我们给他买件礼物吧！

Ⓑ 好哇！＿＿＿＿＿＿＿＿＿？

Ⓐ 买件衣服吧！

Ⓑ 好，他一定很高兴。

(2)

Ⓐ 多情，＿＿＿＿＿＿＿＿！（一起）

Ⓑ 好哇。可是去哪儿吃好呢？

Ⓐ ＿＿＿＿＿＿＿＿＿（听说）

Ⓑ 那我们去看看吧。

(3)

Ⓐ ＿＿＿＿＿＿＿＿＿？

Ⓑ 我知道一个地方可以上网。

Ⓐ ＿＿＿＿＿＿＿＿＿？

Ⓑ 可以，我带你去。

听 Listening

1 녹음을 듣고 보기 중 답을 고르세요. 🎧 05-01

(1) 今天吃饭谁付钱?   (① 小英 / ② 贤秀)

(2) 这位先生要什么菜?   (① 京酱肉丝 / ② 铁板牛柳)

(3) 贤秀的朋友是哪国人?   (① 中国人 / ② 韩国人)

(4) 他们要点京酱肉丝吗?   (① 点 / ② 不点)

(5) 他们要几个房间?   (① 一个 / ② 两个)

2 녹음을 듣고 문장의 옳고 그름을 판단해 보세요. 🎧 05-02

(1) "我"可以喝啤酒。   ○ □   × □

(2) 贤秀想下午去剪头发。   ○ □   × □

(3) 他们一共要三瓶酒。   ○ □   × □

(4) 那位先生在饭馆。   ○ □   × □

(5) 学校前边的饭馆菜很好，可是不便宜。   ○ □   × □

1 다음 문장을 읽어 보세요. 🎧 05-03

(1) 我想看一下儿菜单。 / 我们等一下儿小英吧。

(2) 我们每个人点一个菜。 / 我们每个人喝两瓶啤酒。

(3) 他们每人买一件羽绒服。 / 他们每人换500美元。

(4) 她姐姐穿的每件衣服都很好看。 / 妈妈做的每个菜都很好吃。

(5) 你去上网还是去上课? / 你属狗还是属兔?

(6) 他3号走还是4号走? / 你剪长一点儿还是短一点儿?

(7) 那个人是老师还是学生? / 他是中国人还是日本人?

2 다음 글을 읽고 질문에 답하세요. 🎧 05-04

贤秀，明天是周末，今天我们可以喝一点儿酒了。我知道学校前边有一个地方很好，酒很便宜。你可以随便点，我来付钱。小英也想去，你去叫一下儿小英吧。

(1) 贤秀他们今天想做什么? →

(2) 明天是星期一吗? →

(3) 小英想不想去喝酒? →

(4) 谁要去叫小英? →

1 한자를 병음으로 써 보세요.

(1) 末

(2) 瓶

(3) 啤

(4) 料

(5) 稍

(6) 饮

(7) 酒

(8) 菜

2 병음을 한자로 써 보세요.

(1) càidān

(2) zhōumò

(3) wèntí

(4) fúwùyuán

3 병음으로 된 문장을 중국어 문장으로 바꾸어 보세요.

(1) Jīntiān wǒ qǐng kè, nǐmen suíbiàn diǎn.

→

(2) Tāmen měi rén hē yì píng píjiǔ.

→

(3) Wǒ xiǎng kàn yíxiàr càidān.

→

(4) Nǐmen hē píjiǔ háishi yǐnliào?

→

4 보기에서 적절한 단어를 골라서 문장을 완성하세요.

보기 件　　座　　瓶

(1) 服务员，请给我来 ⬚ 饮料。

(2) 多情，你的这 ⬚ 衣服很好看！

(3) 我不知道哪 ⬚ 楼是教学楼。

5 주어진 단어를 Ⓐ ～ Ⓓ 중 적절한 위치에 넣으세요.

(1) 小英，Ⓐ 你 Ⓑ 想喝 Ⓒ 什么 Ⓓ？　　　　　（一点儿）

(2) 服务员，Ⓐ 我 Ⓑ 要 Ⓒ 看 Ⓓ 菜单。　　　　（一下儿）

(3) Ⓐ 今天下午 Ⓑ 你 Ⓒ 去图书馆 Ⓓ 去上网？　（还是）

(4) Ⓐ 这件衣服 Ⓑ 你女朋友 Ⓒ 很满意 Ⓓ。　　（一定）

(5) Ⓐ 他在 Ⓑ 他妈妈 Ⓒ 打 Ⓓ 电话呢！　　　　（给）

(6) Ⓐ 我 Ⓑ 想 Ⓒ 喝点儿 Ⓓ 啤酒。　　　　　　（先）

1 주어진 사진을 보고 상황에 맞게 대화를 완성해 보세요.

(1)

A _____ ? （…还是…）

B 我们要啤酒。

A _____ ?

B 五瓶。

(2)

A _____ ?

B 给我来个京酱肉丝。

A 要啤酒吗?

B 来两瓶吧。 _____ ?

A 一共45块钱。

(3)

A 你好，我想剪头发。

B 好，请稍等。 _____ ?

A 我想剪跟现在一样的发型。

B 没问题。 _____ ? （…还是…）

A 短一点儿吧!

2 다음 질문에 자유롭게 대답해 보세요.

(1) 你是美国人还是韩国人?

   →

(2) 你学习汉语还是学习日语?

   →

(3) 今天你想吃中国菜还是韩国菜?

   →

(4) 你的头发想剪短一点儿还是长一点儿?

   →

1 녹음을 듣고 보기 중 답을 고르세요. 🎧 06-01

(1) 贤秀在做什么呢?　　　　　　（① 喝酒　/　② 写作业）

(2) "我"要去哪儿?　　　　　　　（① 去医院　/　② 回家）

(3) 今天"我"想做什么?　　　　　（① 给女朋友过生日　/　② 请假去买礼物）

(4) "我"怎么不买那件衣服了?（① 衣服太长了　/　② 衣服有点儿短）

(5) "我"要去哪儿?　　　　　　　（① 去医院　/　② 去上课）

2 녹음을 듣고 문장의 옳고 그름을 판단해 보세요. 🎧 06-02

(1) 多情说她的这件衣服不太好看。　　　　○ ☐　　✕ ☐

(2) 贤秀今天不去上课。　　　　　　　　　○ ☐　　✕ ☐

(3) 李老师有好多病。　　　　　　　　　　○ ☐　　✕ ☐

(4) 贤秀和多情今天不想吃饭。　　　　　　○ ☐　　✕ ☐

(5) 马先生的病好了。　　　　　　　　　　○ ☐　　✕ ☐

1 다음 문장을 읽어 보세요. 🎧 06-03

(1) 王小姐有点儿不高兴。 / 今天有点儿热。

(2) 银行有点儿远。 / 我头有点儿不舒服。

(3) 你怎么不去上课? / 金小姐怎么不吃午饭?

(4) 那件衣服好看什么。 / 他穿的羽绒服便宜什么。

(5) 这个菜好吃什么。 / 那个手机大什么。

(6) 请你好好儿休息吧。 / 请你好好儿谢谢他吧。

(7) 你的肚子好点儿了吗? / 你的病好点儿了吗?

2 다음 글을 읽고 질문에 답하세요. 🎧 06-04

今天我弟弟不太舒服，我要请假带他去医院看看，可是他不想去，他说不要紧，躺一会儿就好了。今天下午，他的病好多了。我买了一件衣服给他，他很高兴(gāoxìng 기쁘다)。

(1) "我"带弟弟去医院了吗? →

(2) 弟弟的病要紧不要紧? →

(3) 今天下午"我"给弟弟买什么了? →

1 한자를 병음으로 써 보세요.

(1) 趁 _____ (2) 躺 _____

(3) 舒 _____ (4) 肚 _____

(5) 院 _____ (6) 疼 _____

(7) 紧 _____ (8) 热 _____

2 병음을 한자로 써 보세요.

(1) máfan _____ (2) yàojǐn _____

(3) yīyuàn _____ (4) qǐng jià _____

3 병음으로 된 문장을 중국어 문장으로 바꾸어 보세요.

(1) Hǎokàn duō le.

→ _____

(2) Chèn rè chī ba.

→ _____

(3) Wǒ tóu yǒudiǎnr téng.

→ _____

(4) Wǒ yào hǎohāor xièxie nǐ.

→ _____

4 보기에서 적절한 단어를 골라서 문장을 완성하세요.

보기 有点儿 好 怎么

(1) 贤秀，今天你 [_____] 迟到了？

(2) 你的头发 [_____] 长了，该剪了。

(3) 今天你请客，太 [_____] 了。

5 주어진 단어를 Ⓐ ~ Ⓓ 중 적절한 위치에 넣으세요.

(1) Ⓐ 要上课了，Ⓑ 你怎么 Ⓒ 不 Ⓓ 起床？ （还）

(2) Ⓐ 今天 Ⓑ 她的病 Ⓒ 好 Ⓓ 了！ （多）

(3) Ⓐ 快要 Ⓑ 回国了，我要 Ⓒ 学习 Ⓓ 汉语！ （好好儿）

(4) Ⓐ 这件衣服 Ⓑ 长，Ⓒ 我不想买 Ⓓ 了。 （有点儿）

1 주어진 사진을 보고 상황에 맞게 대화를 완성해 보세요.

(1)

Ⓐ 小英，这是你要的邮票。一共10张。

Ⓑ 给你钱。麻烦你了，贤秀！

Ⓐ _____ ！

(2)

Ⓐ 老师，今天下午我要请假。

Ⓑ _____ ？

Ⓐ 不是我病了。是我弟弟不太舒服。

Ⓑ _____ ？

Ⓐ 对，我想带他去医院看看。

(3)

Ⓐ _____ ？

Ⓑ 我好多了！谢谢你来看我！

Ⓐ 客气什么！

2 다음 질문에 자유롭게 대답해 보세요.

(1) 现在你肚子疼不疼？ ➡ _____

(2) 现在你头疼不疼？ ➡ _____

(3) 下个星期的课，你要请假吗？ ➡ _____

听 Listening

1 녹음을 듣고 보기 중 답을 고르세요. 🎧 07-01

(1) 小英在不在家?   (① 在 / ② 不在)

(2) 多情他们去买衣服了吗?   (① 去了 / ② 还没去)

(3) 贤秀他们在聊什么?   (① 汉语 / ② 口语课)

(4) 小英他们想买什么?   (① 羽绒服 / ② 手机)

(5) 贤秀明天去哪儿玩儿?   (① 邀请马林来家里玩儿 / ② 去马林家)

2 녹음을 듣고 문장의 옳고 그름을 판단해 보세요. 🎧 07-02

(1) 多情可以给贤秀介绍他们的图书馆。   ○ ☐   ✕ ☐

(2) 贤秀想去学校里的美发店剪头发。   ○ ☐   ✕ ☐

(3) 小英正在等妈妈回来吃饭。   ○ ☐   ✕ ☐

(4) 贤秀来中国又要学习又要旅行。   ○ ☐   ✕ ☐

(5) 小英常去北京图书馆。   ○ ☐   ✕ ☐

1 다음 문장을 읽어 보세요. 🎧 07-03

(1) 这是我给你买的韩国咖啡，请收下。 / 这是我给你的礼物，请收下。

(2) 我们常去那儿剪头发。 / 多情常去图书馆学习。

(3) 我不常给妈妈打电话。 / 李先生不常给家人写信。

(4) 这件衣服是我妈妈亲手做的。 / 这瓶啤酒是我爷爷去买的。

(5) 他邀请我去他家做客。 / 金先生邀请我去他家玩儿。

(6) 我们看了电影就去喝啤酒。 / 我买了邮票就去上网。

(7) 咱们喝了咖啡就去看电影吧。 / 咱们买了羽绒服就去吃饭吧。

(8) 我明天十点才上课。 / 我们下个星期才去旅行。

2 다음 글을 읽고 질문에 답하세요. 🎧 07-04

明天我们要去北京附近玩儿，小英可以给我们介绍一下儿北京。我们还可以一边旅行一边聊天。太好了。

(1) 明天"我"要做什么？ →

(2) 小英要给"我们"介绍什么？ →

(3) 一边旅行一边聊天，好不好？ →

1 한자를 병음으로 써 보세요.

(1) 亲 [　　　　] (2) 杯 [　　　　]

(3) 介 [　　　　] (4) 旅 [　　　　]

(5) 邀 [　　　　] (6) 凉 [　　　　]

(7) 绍 [　　　　] (8) 聊 [　　　　]

2 병음을 한자로 써 보세요.

(1) yāoqǐng [　　　　] (2) jièshào [　　　　]

(3) xīnyì [　　　　] (4) dàjiā [　　　　]

3 병음으로 된 문장을 중국어 문장으로 바꾸어 보세요.

(1) Fàncài kuàiyào liáng le.

→

(2) Zhè xiē yīfu dōu shì Lín xiǎojiě de.

→

(3) Wǒ xiǎng yìbiān xuéxí yìbiān lǚxíng.

→

(4) Wǒ mǎi le yǔróngfú jiù huí jiā.

→

4 보기에서 적절한 단어를 골라서 문장을 완성하세요.

> 보기 　快要…了　　才　　就　　好吃

(1) 糟糕，贤秀，快起床！ _____ 迟到 _____ ！

(2) 听说北京菜也很 _____ ，我想吃京酱肉丝、铁板牛柳。

(3) 电影四点开始，他三点 _____ 到了。

(4) 电影四点开始，他四点半 _____ 到。

5 주어진 단어를 Ⓐ ～ Ⓓ 중 적절한 위치에 넣으세요.

(1) Ⓐ 我们 Ⓑ 去 Ⓒ 中国 Ⓓ 旅行。　　　　　　　　　（常）

(2) Ⓐ 我 Ⓑ 明天下午四点 Ⓒ 下课 Ⓓ 。　　　　　　　（才）

(3) Ⓐ 我的头发 Ⓑ 是 Ⓒ 她 Ⓓ 剪的。　　　　　　　　（亲手）

1 주어진 사진을 보고 상황에 맞게 대화를 완성해 보세요.

(1)

Ⓐ 这是我的一点儿心意，请收下。

Ⓑ _____。 _____？（…还是…）

Ⓐ 我喝咖啡吧！

(2)

Ⓐ _____？

Ⓑ 妈妈不在家。她去公司了。

Ⓐ _____？

Ⓑ 下午回来。

(3)

Ⓐ _____？

Ⓑ 我在给男朋友写信呢。

Ⓐ _____？

Ⓑ 我下了课就去寄。

2 다음 질문에 자유롭게 대답해 보세요.

(1) 你下了课就回家吗？ ➡ _____

(2) 你今天回家要学习汉语吗？ ➡ _____

(3) 你常给妈妈发短信吗？ ➡ _____

(4) 你常去哪儿买衣服？ ➡ _____

(5) 你常去哪儿玩儿？ ➡ _____

听 Listening

1 녹음을 듣고 보기 중 답을 고르세요. 🎧 08-01

(1) 今天贤秀想去哪儿吃饭?　　　　　　(① 食堂 / ② 饭馆儿)

(2) 多情这个周末做什么?　　　　　　(① 去朋友家 / ② 邀请朋友去她家)

(3) 小英喜欢不喜欢这些韩国菜?　　　(① 很喜欢 / ② 不喜欢)

(4) 多情病了，可是她怎么不去医院?　(① 她的病好了 / ② 医院太远了)

(5) 马林高兴不高兴?　　　　　　　　(① 很高兴 / ② 不太高兴)

2 녹음을 듣고 질문에 대해 답해 보세요. 🎧 08-02

(1) "我"喜欢写信还是喜欢发E-mail?

　　➡

(2) 来中国以后，"我"还常常发E-mail吗?

　　➡

(3) 我喜欢不喜欢北京?

　　➡

1 다음 문장을 읽어 보세요. 🎧 08-03

(1) 你知道去教学楼怎么走吗？

(2) 买一个什么样儿的手机好呢？

(3) 我要去图书馆上网。

(4) 你还是喝饮料吧。

(5) 爸爸的生日明天就要到了。

(6) 我们三个人每人喝一瓶啤酒吧。

(7) 他们一边吃饭一边聊天。

(8) 他们周六才从中国回来。

2 다음 글을 읽고 질문에 답하세요. 🎧 08-04

星期六有一个朋友请我们去一家韩国饭馆儿吃饭。那儿的菜又好吃又便宜，服务员也很热情，就是有点儿远。我们还点了饮料，在那儿啤酒可以随便喝，小英、多情一共喝了四瓶。星期天上午我去美发店剪了头发，下午在学校上网，给朋友和爸爸、妈妈发了几封E-mail，六点才回家。

(1) 星期六"我"做什么了？

➜

(2) 那个饭馆儿是一个韩国饭店还是中国饭店?

→

(3) 那个饭馆儿的菜好不好? 服务员呢?

→

(4) 在那个饭馆儿啤酒要不要钱?

→

(5) 星期天"我"做什么了?

→

写 Writing

1 병음으로 된 문장을 중국어 문장으로 바꾸어 보세요.

(1) Nǐ zhīdào qù jiàoxué lóu zěnme zǒu ma?

→

(2) Tīngshuō xuéxiào fùjìn jiù yǒu yí ge yínháng.

→

(3) Lǐ xiānsheng yāoqǐng wǒmen qù tā jiā chī fàn.

→

(4) Lín xiǎojiě de tóufa yòu cháng yòu hēi.

→

(5) Nǐmen hē píjiǔ háishi yǐnliào?

→ ～～～～～～～～～～～～～～～～～～～～～～～～～～～～～～～～～～

(6) Wǒ dùzi yǒudiǎnr bù shūfu.

→ ～～～～～～～～～～～～～～～～～～～～～～～～～～～～～～～～～～

(7) Wǒ xiǎng yìbiān xuéxí yìbiān lǚxíng.

→ ～～～～～～～～～～～～～～～～～～～～～～～～～～～～～～～～～～

2 보기에서 적절한 단어를 골라서 문장을 완성하세요.

보기 非常   又…又…   一共   该…了
常常   邀请   请客   方便

(1) 这些菜 _____ 好看 _____ 好吃。

(2) 明天我 _____ 去换钱 _____ ！

(3) 我 _____ 去那个美发店剪头发，我 _____ 喜欢那儿。

(4) 别客气，你们随便点，今天我 _____ 。吃饭以后，小英

_____ 我们去她家喝酒。

(5) 我家就在学校附近，去上课非常 _____ ，我很喜欢。

(6) 这三件衣服 _____ 240块人民币，很便宜吧！

1 주어진 사진을 보고 상황에 맞게 대화를 완성해 보세요.

(1)

Ⓐ 麻烦你了!

Ⓑ _____

(2)

Ⓐ _____

Ⓑ 你太客气了! 带什么礼物啊!

(3)

Ⓐ 干杯!

Ⓑ _____ !

(4)

Ⓐ _____ ?

Ⓑ 谢谢你! 我好多了!

(5)

下课以后你 ～～～～～～～～？（…还是…）

(6)

十点了，我 ～～～～～～～～！（该…了）

(7)

Ⓐ 请问，～～～～～～～～？（可以）

Ⓑ 可以。你想换什么钱？

(8)

Ⓐ 贤秀在做什么？

Ⓑ ～～～～～～～～～～（给妈妈）

(9)

Ⓐ 你怎么不买那件衣服？

Ⓑ ～～～～～～～～～～（有点儿）

听 Listening

1 녹음을 듣고 질문에 대한 답을 고르세요. 🎧 09-01

(1) ① 会   ② 不会

(2) ① 能   ② 不能

(3) ① 去宿舍   ② 去图书馆

(4) ① 楼上   ② 楼下

(5) ① 15个   ② 45个

2 녹음을 듣고 문장의 옳고 그름을 판단해 보세요. 🎧 09-02

(1) 多情的头发剪得非常好。   ○ □   × □

(2) 小英和贤秀说得都很清楚。   ○ □   × □

(3) 多情下课以后也去锻炼身体。   ○ □   × □

(4) 多情可以用贤秀的手机。   ○ □   × □

(5) 小英现在去买手机。   ○ □   × □

1 다음 문장을 읽어 보세요. 🎧 09-03

(1) 他姐姐学得很好。 / 那位美发师剪得很好。

(2) 林老师说得很快。 / 他的头发剪得很短。

(3) 我想买两三件衣服。 / 我家附近就有三四个银行。

(4) 学校前边就有一两个饭馆儿。 / 他有五六个中国朋友。

(5) 放在家里了。 / 放在宿舍里了。

(6) 能不能借我骑骑? / 能不能借我用用?

(7) 能不能借他看看? / 能不能借朴小姐穿穿?

2 다음 글을 읽고 질문에 답하세요. 🎧 09-04

　　这个周末贤秀买了一辆蓝色的自行车，我也想去买一辆。可是我骑得不太好，也不知道买什么样儿的自行车好。贤秀说不要紧，他可以带我去买。这太好了!

(1) 周末贤秀买什么了? 是什么颜色的?

　➡

(2) "我"想买什么样儿的自行车?

　➡

(3) 贤秀能不能帮"我"一起去买自行车?

　➡

1 한자를 병음으로 써 보세요.

(1) 骑 [　　　　　]　　(2) 然 [　　　　　]

(3) 炼 [　　　　　]　　(4) 锻 [　　　　　]

(5) 辆 [　　　　　]　　(6) 趟 [　　　　　]

(7) 钥 [　　　　　]　　(8) 颜 [　　　　　]

2 병음을 한자로 써 보세요.

(1) yàoshi [　　　　　]　　(2) yánsè [　　　　　]

(3) jiātíng [　　　　　]　　(4) duànliàn [　　　　　]

3 병음으로 된 문장을 중국어 문장으로 바꾸어 보세요.

(1) Néng bu néng jiè wǒ qíqi?

→

(2) Wǒ qí de fēicháng hǎo.

→

(3) Qí zìxíngchē yòu fāngbiàn yòu piányi.

→

(4) Fàng zài lóuxià de chēpéng li le.

→

4 문맥에 맞게 보기에서 적절한 단어를 고르세요.

(1) 今天下午我要去 ┃ ① 趟 / ② 封 ┃ 小英家。

(2) 周末你也 ┃ ① 会 / ② 可以 ┃ 去锻炼身体。

(3) 我的手机 ┃ ① 带在 / ② 放在 ┃ 教学楼里了。

(4) 星期天我们 ┃ ① 玩得 / ② 玩 ┃ 很高兴。

(5) 他家前边有 ┃ ① 两三 / ② 二四 ┃ 辆车。

5 주어진 단어를 Ⓐ ~ Ⓓ 중 적절한 위치에 넣으세요.

(1) 你 Ⓐ 给 Ⓑ 爸爸、妈妈的信 Ⓒ 写 Ⓓ 太短了！ （得）

(2) 我没钱了，Ⓐ 下午我 Ⓑ 要去 Ⓒ 银行 Ⓓ 。 （趟）

(3) Ⓐ 我 Ⓑ 是中国人，Ⓒ 会 Ⓓ 说汉语。 （当然）

(4) Ⓐ 骑自行车 Ⓑ 又方便 Ⓒ 又便宜 Ⓓ 。 （在北京）

1 주어진 사진을 보고 상황에 맞게 대화를 완성해 보세요.

(1)

Ⓐ 马林，你弟弟 _____ ?

Ⓑ 对，他也会说韩语。

Ⓐ _____ ?

Ⓑ 他说得很好。

(2)

Ⓐ _____ ?

Ⓑ 蓝色的。

Ⓐ _____ ?

Ⓑ 我的是黑色的。

(3)

각 3元

Ⓐ 你买的啤酒多少钱一瓶？

Ⓑ 很便宜。

Ⓐ _____ ?

Ⓑ 我也不知道我能喝多少瓶。

2 다음 질문에 자유롭게 대답해 보세요.

(1) 你会骑自行车吗？　　　　 →

(2) 在韩国，每个家庭都有自行车吗？ →

(3) 你常锻炼身体吗？　　　　 →

(4) 你觉得韩国人喜欢什么颜色？　 →

10 과

听 Listening

1 녹음을 듣고 질문에 대한 답을 고르세요. 🎧 10-01

(1) ① 坐轻轨　　　　　　　② 坐地铁

(2) ① 上个月　　　　　　　② 下个月

(3) ① 三点半以后　　　　　② 下午三点

(4) ① 坐公共汽车　　　　　② 坐轻轨

(5) ① 中国菜　　　　　　　② 中国菜和韩国菜

2 녹음을 듣고 문장의 옳고 그름을 판단해 보세요. 🎧 10-02

(1) 贤秀来北京以后还没坐过地铁。　　　○ ☐　　✕ ☐

(2) 多情吃过铁板牛柳。　　　　　　　　○ ☐　　✕ ☐

(3) 小英每天晚上都看电影。　　　　　　○ ☐　　✕ ☐

(4) 贤秀想要菜单点菜。　　　　　　　　○ ☐　　✕ ☐

(5) 上个周末多情去看电影了。　　　　　○ ☐　　✕ ☐

1 다음 문장을 읽어 보세요. 🎧 10-03

(1) 我这儿有两张邮票。 / 他那儿没有啤酒。

(2) 我要去老师那儿。 / 银行就在红绿灯那儿。

(3) 你们看过京剧没有? / 小英请过假没有?

(4) 他们吃没吃过中国菜? / 她姐姐来没来过中国?

(5) 我弟弟喝过啤酒。 / 他们都没去过北京。

(6) 我打错电话了。 / 你的自行车放在车棚里了。

(7) 我们没听懂老师说的。 / 我们也没看懂。

2 다음 글을 읽고 질문에 답하세요. 🎧 10-04

> 在中国，地铁和轻轨又快又方便。公共汽车很便宜，可是常常堵车。我来中国以后，常坐地铁去上课，从我家到学校要半个小时。我很少坐出租车和公共汽车，我怕堵车，上课会迟到。

(1) 在中国，地铁和轻轨好不好，为什么? 公共汽车呢?

→

(2) 来中国以后，"我"怎么去上课?

→

(3) "我"为什么不坐公共汽车和出租车?

→

1 한자를 병음으로 써 보세요.

(1) 堵 _____ (2) 租 _____

(3) 轻 _____ (4) 音 _____

(5) 真 _____ (6) 幕 _____

(7) 剧 _____ (8) 戏 _____

2 병음을 한자로 써 보세요.

(1) yīnyuè _____ (2) dǔchē _____

(3) dìtiě _____ (4) zìmù _____

3 병음으로 된 문장을 중국어 문장으로 바꾸어 보세요.

(1) Wǒ zhèr yǒu sān zhāng xì piào.

→ _____

(2) Nǐmen kànguo Jīngjù méiyǒu?

→ _____

(3) Wǒmen shì zuò qīngguǐ hé dìtiě qù de.

→ _____

(4) Yǒu zìmù, hái yǒu yīnyuè, méi wèntí.

→ _____

4 보기에서 적절한 단어를 골라서 단문을 완성하세요.

> 보기   一起   以后   有时
>   过   电影票   非常

在韩国，我常常看韩国电影，□□□□ 也看中国电影，

我 □□□□ 喜欢。可是来中国 □□□□ ，我还没去

看 □□□□ 中国电影。今天王老师给了我两张明天晚上的

□□□□ ，我想和贤秀 □□□□ 去。

5 주어진 단어를 Ⓐ ～ Ⓓ 중 적절한 위치에 넣으세요.

(1) 你的 Ⓐ 自行车的 Ⓑ 颜色 Ⓒ 漂亮 Ⓓ 。   （真）

(2) Ⓐ 我还 Ⓑ 没 Ⓒ 骑 Ⓓ 马呢！   （过）

(3) Ⓐ 下课 Ⓑ ，我想 Ⓒ 锻炼 Ⓓ 身体。   （以后）

(4) 上个星期 Ⓐ ，我坐 Ⓑ 轻轨，轻轨 Ⓒ 真 Ⓓ 快。   （了）

(5) 京剧 Ⓐ 好看 Ⓑ 哪！你 Ⓒ 怎么 Ⓓ 不喜欢？   （多）

1 주어진 사진을 보고 상황에 맞게 대화를 완성해 보세요.

(1)

Ⓐ 李老师，中国的京剧你看过没有？

Ⓑ _____

Ⓐ _____？

Ⓑ 我在北京看的。

(2)

Ⓐ 贤秀，你有没有去过天安门附近的韩国饭店？

Ⓑ 没有，_____？

Ⓐ 那儿的菜做得非常好。

Ⓑ _____？

Ⓐ 可以坐地铁去，也可以坐公共汽车去。

(3)

Ⓐ 多情，_____？

Ⓑ 我去医院了。

Ⓐ _____？

Ⓑ 不是我，是我的老师病了。

Ⓐ _____？

Ⓑ 我是坐出租车去的。

(4)

Ⓐ 马林，听说上个周末你去看韩国电影了，你看懂了吗？

Ⓑ _____（没）

Ⓐ _____？

Ⓑ 没有字幕。

2 다음 질문에 자유롭게 대답해 보세요.

(1) 你骑过自行车吗？

→ _____

(2) 你有没有吃过中国菜？你吃过什么？

→ _____

(3) 你有没有工作过？你在哪儿工作过？

→ _____

(4) 你去银行换过钱没有？你换了什么钱？

→ _____

(5) 中文菜单你能不能看懂？

→ _____

(6) 没有字幕的美国电影你能看懂吗？

→ _____

听 Listening

1 녹음을 듣고 질문에 대한 답을 고르세요. 🎧 11-01

(1) ① 坐出租车 　　　　　　② 坐公共汽车

(2) ① 星期六晚上 　　　　　② 星期六早上

(3) ① 车上 　　　　　　　　② 车下

(4) ① 看京剧 　　　　　　　② 看电影

(5) ① 没赶上车 　　　　　　② 起床起晚了

2 녹음을 듣고 문장의 옳고 그름을 판단해 보세요. 🎧 11-02

(1) 那个饭店没有好吃的菜。　　　　　○ ☐　　× ☐

(2) 小英一会儿就回来。　　　　　　　○ ☐　　× ☐

(3) 贤秀还想再喝一瓶酒。　　　　　　○ ☐　　× ☐

(4) 马林没有去过北京的名胜古迹。　　○ ☐　　× ☐

(5) 小英现在在家里。　　　　　　　　○ ☐　　× ☐

念 Reading

1 다음 문장을 읽어 보세요. 🎧 11-03

(1) 我想再等一会儿。 / 我想再坐一会儿。

(2) 我明天再来看你。 / 我们下个月再去北京吧。

(3) 弟弟今天又迟到了。 / 多情今天又没来上课。

(4) 他们今天又吃中国菜了。 / 你今天怎么又没带作业呢？

(5) 周末学校组织去大同旅行。 / 周末公司组织去看京剧。

(6) 学校附近有什么好饭馆儿吗？ / 邮局有什么好看的邮票吗？

(7) 姐姐买来了一件羽绒服。 / 妹妹发来了一封E-mail。

2 다음 글을 읽고 질문에 답하세요. 🎧 11-04

明天是周末，我想组织我的朋友们一起出去玩儿。北京附近有许多名胜古迹，我们可以坐公共汽车去，也可以坐火车去。汽车票和火车票都很便宜，能省很多钱。当然我们也可以开车去，我的一个好朋友有一辆汽车，他开车开得也很好。

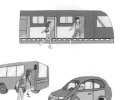

(1) 周末，"我"想做什么？

→

(2) "我们"可以怎么去那些名胜古迹？

→

(3) 坐火车、坐公共汽车去好不好？为什么？

→ ~~~~~~

(4) "我们"能不能开车去？

→ ~~~~~~

写 Writing

1 한자를 병음으로 써 보세요.

(1) 通 [   ]　　(2) 组 [   ]

(3) 省 [   ]　　(4) 胜 [   ]

(5) 迹 [   ]　　(6) 赶 [   ]

(7) 险 [   ]　　(8) 列 [   ]

2 병음을 한자로 써 보세요.

(1) xǔduō [   ]　　(2) shíjiān [   ]

(3) zǔzhī [   ]　　(4) duìbuqǐ [   ]

3 병음으로 된 문장을 중국어 문장으로 바꾸어 보세요.

(1) Zhōumò xuéxiào zǔzhī qù Dàtóng lǚxíng.

→

(2) Yòu shěng shíjiān yòu shěng qián.

→

(3) Wǒ hái yǒu yí ge péngyou méi lái ne.

→

(4) Wǒ méi gǎnshàng xuéxiào de chē, shì dǎdī guòlái de.

→

4 문맥에 맞게 보기에서 적절한 단어를 고르세요.

(1) 这个酒很好喝，我想 ① 再 / ② 又 喝一瓶。

(2) 上个星期六他去了一趟美发店，这个周末 ① 再 / ② 又 去了。

(3) 这个地方 ① 好 / ② 太 漂亮啊！

(4) 多情，我们家里还有 ① 怎么 / ② 什么 饮料吗？

(5) 他 ① 进教学楼去了 / ② 进去教学楼了 。

5 문장의 틀린 부분을 바르게 고쳐 보세요.

(1) 小英上去楼了。

→ ~~~~~~

(2) 妈妈，我今天下午要回去学校。

→ ~~~~~~

(3) 汽车不能开公园里进来。

→ ~~~~~~

(4) 今天他带了来一封信。

→ ~~~~~~

(5) 他给妹妹带了来几件礼物。

→ ~~~~~~

说 Speaking

1 다음 대화를 완성하세요.

(1)

Ⓐ 对不起，我来晚了！

Ⓑ 没关系。~~~~~~~~~~~~~~~~~~~~~~~~~~~~~~~~~ ？

Ⓐ 我是打的来的。

Ⓑ ~~~~~~~~~~~~~~~~~~~~~~~~~~~~~~~~~~~~~~ ？

Ⓐ 是啊！我没赶上。学校的车8:00走的，
我8:05才到。

(2)

A 贤秀，～～～～～～～～～～～～～

B 好，我等一会儿就上去。

A ～～～～～～～～～～～～～～？

B 我等小英呢！

(3)

A 马林，～～～～～～～～～～？

B 我们学校附近没什么好玩儿的。可是有几个很好的饭店。

A ～～～～～～～～～～～～～～？

B 就在学校前边。

2 다음 질문에 자유롭게 대답해 보세요.

(1) 学校附近有什么好玩儿的地方吗？

→ ～～～～～～～～～～～～～～～～～～～～

(2) 学校附近有什么好吃的饭馆儿吗？

→ ～～～～～～～～～～～～～～～～～～～～

(3) 请你介绍一个省钱的好方法？

→ ～～～～～～～～～～～～～～～～～～～～

12 과

听 Listening

1 녹음을 듣고 질문에 대한 답을 고르세요. 🎧 12-01

(1) ① 标准间   ② 单人间

(2) ① 看电影   ② 还不知道

(3) ① 贤秀   ② 多情

(4) ① 13817866574   ② 13811866571

(5) ① 苏杭   ② 大同

2 녹음을 듣고 문장의 옳고 그름을 판단해 보세요. 🎧 12-02

(1) 他们要订标准间。   ◯ ☐   ✕ ☐

(2) 明天"我们"要去看京剧。   ◯ ☐   ✕ ☐

(3) 贤秀现在在火车上。   ◯ ☐   ✕ ☐

(4) 小英知道了张老师的电话号码。   ◯ ☐   ✕ ☐

(5) "我们"还没商量出结果。   ◯ ☐   ✕ ☐

1 다음 문장을 읽어 보세요. 🎧 12-03

(1) 你们打算坐哪儿休息休息吗？ / 你们打算去哪儿喝点儿什么吗？

(2) 你一定要买下这些东西。 / 你一定要收下这件礼物。

(3) 请留下您的姓名吧。 / 请坐下吧。

(4) 他想来想去也没想出这个人的名字。 / 他查来查去也没查到自己的名字。

(5) 你应该回家看看你爸爸、妈妈。 / 去韩国应该多吃点儿韩国菜。

(6) 有没有更长一点儿的？ / 有没有更短一点儿的？

2 다음 글을 읽고 질문에 답하세요. 🎧 12-04

　　小英的生日快要到了，贤秀和多情打算送给她一个生日礼物。他们商量的结果是给她买一只小狗。可是买一只什么样儿的好呢？他们看来看去也没看到一只好看的。马林说小兔更可爱，他建议他们买一只小兔。

(1) 贤秀和多情打算送给小英什么生日礼物？

　→

(2) 贤秀他们有没有看到好看的小狗？

　→

(3) 马林建议贤秀他们给小英买什么？为什么？

　→

1 한자를 병음으로 써 보세요.

(1) 预 [_____] (2) 更 [_____]

(3) 宾 [_____] (4) 应 [_____]

(5) 堂 [_____] (6) 结 [_____]

(7) 套 [_____] (8) 订 [_____]

2 병음을 한자로 써 보세요.

(1) dǎsuàn [_____] (2) jiànyì [_____]

(3) liú [_____] (4) shāngliang [_____]

3 병음으로 된 문장을 중국어 문장으로 바꾸어 보세요.

(1) Nǐmen dǎsuàn qù nǎr wánrwanr ma?

→ ～～～～～～～～～～～～～～～～～～～～～～～

(2) Shāngliang lái shāngliang qù yě méi shāngliang chū jiéguǒ.

→ ～～～～～～～～～～～～～～～～～～～～～～～

(3) Biāozhǔnjiān duōshao qián?

→ ～～～～～～～～～～～～～～～～～～～～～～～

(4) Shàng yǒu tiāntáng, xià yǒu Sū Háng ma!

→ ～～～～～～～～～～～～～～～～～～～～～～～

4 문맥에 맞게 보기에서 적절한 단어를 고르세요.

(1) 我的一个朋友病了，现在在医院里。

我打算下班 ┃ ① 就 ／ ② 以后 ┃ 去看看他。

(2) 杭州有许多名胜古迹，我 ┃ ① 建议 ／ ② 应该 ┃ 你去那儿旅行。

(3) 我们想来想去也没想 ┃ ① 出 ／ ② 到 ┃ 买什么样儿的羽绒服给爸爸，
他才喜欢。

(4) 服务员，我们的酒没了， ┃ ① 就 ／ ② 再 ┃ 给我们三瓶。

5 주어진 단어를 Ⓐ ～ Ⓓ 중 적절한 위치에 넣으세요.

(1) 今天 Ⓐ 有点儿堵车，Ⓑ 我们 Ⓒ 坐地铁 Ⓓ 去天安门。 　　（应该）

(2) 我 Ⓐ 看 Ⓑ 来看 Ⓒ 去也没看 Ⓓ 那个人是谁。 　　（出）

(3) Ⓐ 还没 Ⓑ 上课呢！我想 Ⓒ 上一会儿网 Ⓓ 。 　　（再）

(4) 贤秀 Ⓐ 开车开得 Ⓑ 很好，多情 Ⓒ 开得 Ⓓ 好。 　　（更）

1 주어진 사진을 보고 상황에 맞게 대화를 완성해 보세요.

(1)

Ⓐ 马林、小英，_____？

Ⓑ 我们在商量去哪儿吃饭呢。

Ⓐ _____？

Ⓑ 还没有呢。

Ⓐ 我建议你们去学校附近的那个韩国饭馆。

(2)

Ⓐ 你好！请问，你们有什么事吗？

Ⓑ _____

Ⓐ 你们想订什么样儿的京剧票？有120元的，有80元的。

Ⓑ _____？

Ⓐ 对不起，没有更便宜的了。

(3)

Ⓐ 马林，你能帮我给宾馆打个电话吗？

Ⓑ 当然可以。可是_____？（怎么不）

Ⓐ 我怕我说的汉语他们听不懂。

Ⓑ _____？

Ⓐ 我想帮朋友订一个单人间。

2 다음 질문에 자유롭게 대답해 보세요.

(1) 今天你打算做什么?

→ 〰〰〰〰〰〰〰〰〰〰〰〰〰〰〰〰〰〰〰〰〰〰〰

(2) 星期六你打算做什么?

→ 〰〰〰〰〰〰〰〰〰〰〰〰〰〰〰〰〰〰〰〰〰〰〰

(3) 今年你打算做什么? 明年呢?

→ 〰〰〰〰〰〰〰〰〰〰〰〰〰〰〰〰〰〰〰〰〰〰〰

13 과

1 녹음을 듣고 질문에 대한 답을 고르세요. 🎧 13-01

(1) ① 买了　　　　　　　　② 没买

(2) ① 三瓶　　　　　　　　② 五瓶

(3) ① 带了　　　　　　　　② 没带

(4) ① 知道　　　　　　　　② 不知道

(5) ① 9:00　　　　　　　　② 21:00

2 녹음을 듣고 문장의 옳고 그름을 판단해 보세요. 🎧 13-02

(1) 马林没有看懂那个韩国电影。　　　○ □　　× □

(2) 贤秀没赶上学校的车。　　　　　　○ □　　× □

(3) 多情不喜欢说韩语。　　　　　　　○ □　　× □

(4) 两个箱子里不都是小英的东西。　　○ □　　× □

(5) 多情又喜欢唱歌又喜欢跳舞。　　　○ □　　× □

1 다음 문장을 읽어 보세요. 🎧 13-03

(1) 他不喜欢看京剧什么的。 / 他点了京酱肉丝、铁板牛柳什么的。

(2) 要是不麻烦，你们帮我请个假吧。 / 要是不会骑，就别骑了。

(3) 别忘了带机票。 / 别生气了。

(4) 他们班差不多都是女的。 / 他们两个人的发型差不多。

(5) 他差点儿没赶上车。 / 我们差点儿没买到票。

(6) 他差点儿就赶上车了。 / 我们差点儿就买到票了。

(7) 我差点儿迟到了。 / 他们差点儿来晚了。

2 다음 글을 읽고 질문에 답하세요. 🎧 13-04

> 我的美国朋友们非常喜欢开晚会。在晚会上他们吃东西、聊天什么的，有时侯也唱歌、跳舞。他们唱歌唱得很好，跳舞也跳得很漂亮，我非常喜欢看他们跳舞。明天晚上他们也有晚会，要是有时间，我也会去的。

(1) "我"的美国朋友们喜欢做什么?

→

(2) 在晚会上，他们做什么?

→

(3) 他们唱歌唱得好不好? 跳舞呢?

→

(4) 要是有时间，明天晚上"我"做什么?

→

写 Writing

1 한자를 병음으로 써 보세요.

(1) 别

(2) 忘

(3) 歌

(4) 舞

(5) 东

(6) 飞

(7) 目

(8) 箱

2 병음을 한자로 써 보세요.

(1) yóuxì

(2) tiào wǔ

(3) shōushi

(4) shēng qì

3 병음으로 된 문장을 중국어 문장으로 바꾸어 보세요.

(1) Bié wàng le dài hùzhào.

→ ～～～～～～～～～～～～～～～～～～～～～～～～～～

(2) Yàoshi yǒu shíjiān, nǐmen yě qù ba.

→ ～～～～～～～～～～～～～～～～～～～～～～～～～～

(3) Wǎnhuì shang dōu yǒu shénme jiémù?

→ ～～～～～～～～～～～～～～～～～～～～～～～～～～

(4) Nǐmen de dōngxi shōushi de chàbuduō le ba?

→ ～～～～～～～～～～～～～～～～～～～～～～～～～～

4 문맥에 맞게 보기에서 적절한 단어를 고르세요.

(1) ① 要是 / ② 有时 衣服很便宜，给我买一件吧！

(2) 她非常喜欢小狗、小兔 ① 什么 / ② 什么的 。

(3) 这个美国电影又有字幕又有音乐，我 ① 差不多 / ② 差点儿 都看懂了。

(4) 上课的时候， ① 别 / ② 不 能打电话。

5 주어진 단어를 Ⓐ ～ Ⓓ 중 적절한 위치에 넣으세요.

(1) 请问，你 Ⓐ 是什么 Ⓑ 时候 Ⓒ 火车 Ⓓ ?　　　　　（的）

(2) Ⓐ 请你一定 Ⓑ 忘了给我也 Ⓒ 买一张 Ⓓ 电影票。　　　（别）

(3) Ⓐ 你的汉语 Ⓑ 学 Ⓒ 得 Ⓓ 了吧?　　　　　　　　（差不多）

(4) 你们 Ⓐ 有标准间，Ⓑ 我 Ⓒ 就订一个 Ⓓ 。　　　　　（要是）

说 Speaking

1 주어진 사진을 보고 상황에 맞게 대화를 완성해 보세요.

(1)

Ⓐ 李老师，您好! ～～～～～～～～～～～～?

Ⓑ 我要去杭州。～～～～～～～～～～～～～?

Ⓐ 我也要去杭州。～～～～～～～～～～～?

Ⓑ 我是9:40的火车。

Ⓐ 太巧了，我也是9:40的。

(2)

Ⓐ ～～～～～～～～～～～～～～～～～～～?

Ⓑ 明天我们打算收拾一下儿房间。

Ⓐ 要不要我帮你们?

Ⓑ 太好了! ～～～～～～～～～～～。（要是）

(3)

Ⓐ 贤秀，你喜欢吃什么菜？

Ⓑ ＿＿＿＿＿＿＿＿＿＿＿＿＿＿（什么的）

Ⓐ ＿＿＿＿＿＿＿＿＿＿？（还是）

Ⓑ 我喝啤酒吧。

(4)

Ⓐ 听说你去看京剧了，＿＿＿＿＿＿？

Ⓑ 我差不多看懂了。

Ⓐ ＿＿＿＿＿＿＿＿＿＿＿？

Ⓑ 坐公共汽车去的。

2 다음 질문에 자유롭게 대답해 보세요.

(1) 你常收拾你的房间吗？

→ ＿＿＿＿＿＿＿＿＿＿＿＿＿＿＿＿＿＿＿

(2) 一个月收拾几次？

→ ＿＿＿＿＿＿＿＿＿＿＿＿＿＿＿＿＿＿＿

(3) 你喜欢出去吃晚饭还是在家里吃晚饭？

→ ＿＿＿＿＿＿＿＿＿＿＿＿＿＿＿＿＿＿＿

1 녹음을 듣고 질문에 대한 답을 고르세요. 🎧 14-01

(1) ① 用 ② 不用

(2) ① 宾馆 ② 飞机场

(3) ① 坐公共汽车 ② 坐出租车

(4) ① 在多情手里 ② 在他朋友那儿

(5) ① 在小英左边儿 ② 在马林左边儿

2 녹음을 듣고 문장의 옳고 그름을 판단해 보세요. 🎧 14-02

(1) 多情也要去买东西。 ○ ☐ ✕ ☐

(2) 马林今天没交作业。 ○ ☐ ✕ ☐

(3) 小英有三件要托运的行李。 ○ ☐ ✕ ☐

(4) 他们今天晚上要出去吃饭。 ○ ☐ ✕ ☐

(5) 李老师今天要走着回家去。 ○ ☐ ✕ ☐

1 다음 문장을 읽어 보세요. 🎧 14-03

(1) 电影票放我这儿，我拿着。 / 护照放我这儿，我带着。

(2) 钱放你那儿，你用着。 / 行李放你那儿，你看着。

(3) 老师走进教室里来了。 / 学生们走进教室里去了。

(4) 她拿出一些东西来。 / 她拿出来一些东西。

(5) 我买回来一件羽绒服。 / 我买回一件羽绒服来。

(6) 我这儿有两张戏票。 / 他那儿有几张电影票。

2 다음 글을 읽고 질문에 답하세요. 🎧 14-04

　　我非常喜欢吃中国菜，我的中国朋友马林送给我一个礼物——中国菜的菜单。我每天都随身带着。点菜的时候，拿出来看看，点几个好吃的菜，非常方便。现在这些我差不多都吃过了。

(1) 马林送给"我"一个什么礼物？

　→

(2) "我"为什么每天都随身带着菜单？

　→

(3) 菜单里的菜"我"都吃过没有？

　→

1 한자를 병음으로 써 보세요.

(1) 超 [　　　　　] (2) 拿 [　　　　　]

(3) 托 [　　　　　] (4) 重 [　　　　　]

(5) 算 [　　　　　] (6) 牌 [　　　　　]

(7) 运 [　　　　　] (8) 交 [　　　　　]

2 병음을 한자로 써 보세요.

(1) xíngli [　　　　　] (2) suíshēn [　　　　　]

(3) chāozhòng [　　　　　] (4) gōngjīn [　　　　　]

3 병음으로 된 문장을 중국어 문장으로 바꾸어 보세요.

(1) Liǎng ge xiāngzi dōu yào tuōyùn ma?

→ 　　　　　　　　　　　　　　　　　　　　

(2) Yào náchu yìxiē lái ma?

→ 　　　　　　　　　　　　　　　　　　　　

(3) Hùzhào hé jīpiào gěi wǒ kànkan.

→ 　　　　　　　　　　　　　　　　　　　　

(4) Xiǎo xiāngzi fàng wǒ zhèr, wǒ kānzhe.

→

4 문맥에 맞게 보기에서 적절한 단어를 고르세요.

(1) 贤秀，小英在楼上，你 ① 上去 / ② 下来 吧！

(2) 多情在房间里 ① 躺 / ② 躺着 呢。

(3) 这是我给家人带的礼物，一定要 ① 放 / ② 放好 。

(4) 你们可以到我这儿来吃饭，东西很多， ① 随便 / ② 随身 吃。

(5) 你的东西太多了，拿出来 ① 一些 / ② 一下 吧！

5 보기에서 적절한 단어를 골라서 단문을 완성하세요.

보기　算了　　…什么的　　放　　收拾　　超重

明天我去杭州看朋友，今天晚上要 　　　　　　 一下我的行李。

我有一个箱子，可是我要带很多衣服、礼物 　　　　　　 。现在我的

东西太多了，东西 　　　　　　 不进去了。要是想再多带一点儿东西，

我要再拿一个箱子，可是我又怕会 　　　　　　 。 　　　　　　 ，

少带点儿吧！

1 '着'를 활용하여 다음 대화를 완성하세요.

(1)

Ⓐ 贤秀干什么呢?

Ⓑ ~~~~~~~~~~~~~~~~~~~~~~~~~~~~~~~~~~~

(2)

Ⓐ 小英做什么呢?

Ⓑ ~~~~~~~~~~~~~~~~~~~~~~~~~~~~~~~~~~~

(3)

Ⓐ 我们的机票呢?

Ⓑ 小英 ~~~~~~~~~~~~~~~~~~~~~~~~~~~~~

(4)

Ⓐ 你的自行车在哪儿?

Ⓑ 在教学楼前边 ~~~~~~~~~~~~~~~~~~~~~

2 다음 질문에 자유롭게 대답해 보세요.

(1) 要是你的行李超重了，你要拿出一些来还是交钱呢？

→ _____

(2) 你觉得去旅行，一定要带的是什么？为什么？

→ _____

听 Listening

1 녹음을 듣고 질문에 대한 답을 고르세요. 🎧 15-01

(1) ① 30分钟　　　　　　　② 八个小时

(2) ① 起床起晚了　　　　　② 地铁晚点了

(3) ① 吃早饭　　　　　　　② 游览西湖

(4) ① 游览天安门　　　　　② 学习

(5) ① 锻炼了很长时间　　　② 上了很长时间的课

2 녹음을 듣고 문장의 옳고 그름을 판단해 보세요. 🎧 15-02

(1) 小英今天没有上课。　　　　　　　　　○ ☐　　× ☐

(2) 马林今天迟到了。　　　　　　　　　　○ ☐　　× ☐

(3) 贤秀今天做了两个小时的作业。　　　　○ ☐　　× ☐

(4) 小英告诉多情别吃西湖醋鱼。　　　　　○ ☐　　× ☐

(5) 贤秀明天要上课，下课以后去图书馆。　○ ☐　　× ☐

1 다음 문장을 읽어 보세요. 🎧 15-03

(1) 我妈妈已经休息了两个小时了。 / 弟弟已经躺了两个小时了。

(2) 我学了一年汉语了。 / 他学习了一个小时了。

(3) 我等了他半个小时。 / 我等了林小英半个小时。

(4) 你来中国多长时间了？ / 他去美国多长时间了？

(5) 你学汉语学了多长时间了？ / 你们聊天聊了多长时间了？

(6) 晚上我们就可以品尝到了。 / 下午你们就可以见面了。

2 다음 글을 읽고 질문에 답하세요. 🎧 15-04

昨天我打算下课以后先去小英家，然后我们一起去天安门附近转转，可是我们班下课晚了，我五点半才到小英家。她在家等了我两个小时。我们怕坐出租车堵车，就坐地铁去了。北京的地铁非常好，又快又方便。我们坐了二十分钟就到天安门了。

(1) 昨天下午"我"和小英打算去什么地方？

　➡

(2) 为什么"我"五点半才到小英家？

　➡

(3) 小英等了"我"多长时间?

　　➡ ～～～～～～～～～～～～～～～～～～～～～～～～～～～～～～～

(4) "我们"是怎么去天安门的? 为什么没坐出租车?

　　➡ ～～～～～～～～～～～～～～～～～～～～～～～～～～～～～～～

(5) 北京的地铁好吗? 为什么?

　　➡ ～～～～～～～～～～～～～～～～～～～～～～～～～～～～～～～

写 Writing

1 한자를 병음으로 써 보세요.

(1) 醋 _____　　(2) 闻 _____

(3) 船 _____　　(4) 景 _____

(5) 转 _____　　(6) 览 _____

(7) 苦 _____　　(8) 尝 _____

2 병음을 한자로 써 보세요.

(1) wǎndiǎn _____　　(2) ānpái _____

(3) guàibude _____　　(4) kè suí zhǔ biàn _____

3 병음으로 된 문장을 중국어 문장으로 바꾸어 보세요.

(1) Wǒmen xiān qù Xīhú biān zhuànzhuan ba.

→

(2) Lùshang xīnkǔ le.

→

(3) Wǎnshang wǒmen jiù kěyǐ pǐncháng le.

→

(4) Zhēnshi bǎi wén bùrú yí jiàn.

→

4 문맥에 맞게 보기에서 적절한 단어를 고르세요.

(1) 我先去托运行李, ① 然后 / ② 以后 再去拿登机牌。

(2) 现在是12月31号上午11点15 ① 分 / ② 分钟 。

(3) 今天你早点儿去上课吧, 别 ① 晚点 / ② 晚 了。

(4) 明天我们打算先去学习, ① 又 / ② 再 去上网。

5 주어진 단어를 Ⓐ ~ Ⓓ 중 적절한 위치에 넣으세요.

(1) 明天 Ⓐ 我们就 Ⓑ 可以看 Ⓒ 那个电影 Ⓓ 了。 　　　　（到）

(2) 下午我们 Ⓐ 先出去 Ⓑ 转转，然后 Ⓒ 吃晚饭 Ⓓ 。 　　　（在家里）

(3) Ⓐ 他走 Ⓑ 进 Ⓒ 图书馆 Ⓓ 了。 　　　　　　　　　　（去）

(4) Ⓐ 昨天 Ⓑ 她病了，Ⓒ 没来上课呢 Ⓓ ！ 　　　　　（怪不得）

说 Speaking

1 주어진 사진을 보고 상황에 맞게 대화를 완성해 보세요.

(1)

Ⓐ _____ ？

Ⓑ 我每天学习四个小时。 _____ ？

Ⓐ 我跟你一样。 _____ ？

Ⓑ 我学了四年了。

(2)

Ⓐ 小英，_____ ？

Ⓑ 客随主便。听你的。

Ⓐ 你还是告诉我吧。你想喝饮料还是喝点儿酒？

Ⓑ _____

(3)

Ⓐ _____?

Ⓑ 我们是坐着船游览西湖的。

Ⓐ _____?

Ⓑ 我们游览了三个半小时。

(4)

Ⓐ 非常对不起，今天我们的飞机会晚点。

Ⓑ _____?

Ⓐ 差不多晚点四个小时。我们公司会安排你们先去吃饭，然后去宾馆休息一下儿。

2 다음 질문에 자유롭게 대답해 보세요.

(1) 你学汉语学了多长时间了?

　➡

(2) 今天你上了几个小时的汉语课?

　➡

(3) 这个周末你们是怎么安排的?

　➡

(4) 你能介绍一下韩国的名菜有什么吗?

　➡

(5) 北京的名菜有哪些? 你有没有品尝过?

　➡

16 과

听 Listening

1 녹음을 듣고 질문에 대한 답을 고르세요. 🎧 16-01

(1) ① 非常好   ② 不太好

(2) ① 十多个小时   ② 五或六个小时

(3) ① 标准间   ② 套间

(4) ① 去发E-mail   ② 去寄信

(5) ① 坐火车   ② 坐飞机

2 녹음을 듣고 문장의 옳고 그름을 판단해 보세요. 🎧 16-02

(1) 贤秀买了羽绒服了。   ○ □   ✕ □

(2) 学校没有车去天安门。   ○ □   ✕ □

(3) 贤秀已经买了飞机票了。   ○ □   ✕ □

(4) 小英和马林正在商量去哪儿旅行。   ○ □   ✕ □

(5) 马林今天忘了要陪贤秀去买衣服。   ○ □   ✕ □

1 다음 문장을 부정문으로 만든 다음 읽어 보세요. 🎧 16-03

(1) 我会做一些韩国的名菜。　　　→

(2) 那家美发店剪头发剪得很好。　→

(3) 我已经品尝过杭州的西湖醋鱼。→

(4) 她已经进了教学楼了。　　　　→

(5) 我进房间的时候，他躺着呢。　→

(6) 我买回韩国的机票了。　　　　→

2 다음 글을 읽고 질문에 답하세요. 🎧 16-04

> 从我家到学校不太近，可是很方便，可以坐公共汽车、地铁、轻轨什么的。我常常坐地铁，有时也打的。坐地铁要半个小时，打的也很快，要是不堵车，二十分钟就到了。

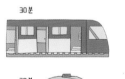

(1) 从我家到学校近不近?　　　　→

(2) 我常常怎么去学校?　　　　　→

(3) 坐地铁去学校要多长时间?　　→

(4) 坐出租车去学校要多长时间?　→

1 병음으로 된 문장을 중국어 문장으로 바꾸어 보세요.

(1) Néng bu néng jiè wǒ qíqi?

➔

(2) Nǐmen kànguo Jīngjù méiyǒu?

➔

(3) Yòu shěng shíjiān yòu shěng qián.

➔

(4) Shāngliang lái shāngliang qù yě méi shāngliang chū jiéguǒ.

➔

(5) Nǐmen de dōngxi shōushi de chàbuduō le ba?

➔

2 문맥에 맞게 보기에서 적절한 단어를 고르세요.

(1) 今天我去了天安门，可是明天我想 ① 再 / ② 又 去一趟。

(2) 贤秀，下课以后我要先回 ① 辆 / ② 趟 家，然后再去看京剧。

(3) 这是北京的名菜，你 ① 会 / ② 可以 品尝一下儿。

(4) 地铁很方便，可是 ① 有时 / ② 时候 也会晚点。

(5) 来中国以后，我还没骑 ① 了 / ② 过 自行车呢！

(6) 我们都在楼上，你也 ① 上来 / ② 上去 吧！

(7) 你病了，今天 ① 别 / ② 不 写作业了！

(8) ① 要是 / ② 可是 你想骑自行车，我可以借给你。

说 Speaking

1 주어진 사진을 보고 상황에 맞게 대화를 완성해 보세요.

(1)

> 我叫李贤秀，我来北京两个月了。我每天很忙，早上七点起床，七点二十分吃饭，八点上课

Ⓐ 听说他在中国生活过三年。

Ⓑ _____（怪不得）

(2)

Ⓐ 周末你们打算做什么？

Ⓑ _____（先…，然后…）

(3)

我的生日

Ⓐ 小英，我们什么时候可以品尝北京的名菜？

Ⓑ _____（就…了）

(4)

Ⓐ 贤秀，我们什么时候去订房间？

Ⓑ ～～～～～～～～～～～～～～～～ （马上）

(5)

Ⓐ 马林，明天我们有一个晚会，你来吗？

Ⓑ ～～～～～～～～～～～～～～～～ （要是）

2 본문의 내용과 같이 자신의 생활에 대해 자유롭게 이야기해 보세요.

WORKBOOK

모범 답안 및
녹음 지문

听 Listening

1 (1) ② 银行　　　　(2) ① 上网

(3) ① 美元　　　　(4) ② 想知道今天的汇率

녹음 지문

(1) 学校附近有银行吗？我想换钱。

(2) 请问，这儿可以上网吗？

(3) 你好？我想换美元。

(4) 请问，你知道今天的汇率吗？

2 (1) O　(2) O　(3) O　(4) X　(5) O

녹음 지문

(1) A: 小英，你家可以上网吗？

　　B: 可以！贤秀，你想查什么？

　　A: 查查今天的汇率。

(2) A: 多情，你家附近有银行吗？

　　B: 没有。我知道学校附近有一个。

(3) A: 小英，你做什么呢？

　　B: 我查王老师的手机号码呢。

(4) A: 多情，你知道李老师的电话号码吗？

　　B: 不知道。你可以查查。

(5) A: 贤秀，学校附近有银行吗？

　　B: 我不知道。

念 Reading

2 (1) 学校附近没有银行。

(2) 现在"我"知道汇率是多少。

(3) 银行在我家附近。

写 Writing

1 (1) chá　　　　(2) yǐ

(3) bǎi　　　　(4) huàn

(5) gòng　　　　(6) wǎng

(7) yín　　　　(8) lǜ

2 (1) 知道　　　　(2) 人民币

(3) 可以　　　　(4) 汇率

3 (1) 请等一会儿。

(2) 先生，给你钱。

(3) 现在我想去上网。

(4) 你知道去教学楼怎么走吗？

说 Speaking

1 (1) ① 我家附近有一个银行。

　　② 学校里有两座教学楼。

　　③ 他有三百美元。

(2) ① 妈妈给他10块钱。

　　② 他给她一只小狗。

　　③ 他给她一个手机。

(3) ① 这儿可以换钱吗？

　　② 这儿可以上网吗？

　　③ 这儿可以打电话吗？

2 (1) B: 不能喝。

(2) A: 小英，你去哪儿？

　　A: 你想换钱吗？

(3) A: 你想去上网吗？

　　A: 你想做什么？

(4) B: 您有身份证吗？

　　A: 有，我有身份证，给你。一共多少钱？

听 Listening

1 (1) ① 去剪头发　　(2) ② 小一点儿的

(3) ② 去吃饭　　　(4) ① 上网

(5) ② 做作业

녹음 지문

(1) 明天是小英的生日，我想去剪头发，可是去哪儿剪好呢？

(2) 这个手机太大了，我要买小一点儿的。

(3) 小英，12点了，我们该吃饭了。

(4) 现在我要去上网，不想回家。

(5) 我想去吃饭，可是我要先做作业。

2 (1) O　(2) X　(3) X　(4) O　(5) X

녹음 지문

(1) A: 马林，听说你有女朋友了？

　　B: 是啊！我的同学。

(2) A: 学校附近没有美发店，我去哪儿剪头发好呢？

　　B: 贤秀，我听说小英家附近的美发店很好。去看看吧！

　　A: 好哇。

(3) A: 贤秀，听说你想看电影，你想看哪国的？

B: 我想看中国电影。

녹음 지문

(4) A: 多情，你想剪什么样儿的发型？

B: 跟小英的一样，但是要短一点儿。

(5) A: 贤秀，8点了，该起床了！

B: 今天我10点上课。我想9点起床。

念 Reading

2 (1) 小英的生日是明天。

(2) "我们"想一起去吃饭。

(3) "我们"想去中国银行附近看看。

写 Writing

1 (1) fà (2) duǎn

(3) cháng (4) xíng

(5) jiǎn (6) diàn

(7) tīng (8) tóu

2 (1) 什么样儿 (2) 头发

(3) 听说 (4) 美发师

3 (1) 你要剪什么样儿的发型？

(2) 听说学校附近就有一个银行。

(3) 哪位先剪？

(4) 我们该吃饭了。

说 Speaking

1 (1) 你们去哪儿剪头发？

(2) 你要剪什么样儿的发型？

(3) 哪座楼是中国银行？

(4) 今天下午你想做什么？

2 (1) A: 请问，你剪头发吗？

A: 你要剪什么样儿的发型？

(2) A: 小英，该吃饭了！

B: 知道了。妈妈，现在几点了？

(3) B: 你想买什么样儿的小狗？

03과

听 Listening

1 (1) ② 发短信 (2) ② 买礼物

(3) ① 五张四块的 (4) ① 图书馆

(1) A: 贤秀，你在给谁发短信？

B: 给我家人。

(2) A: 小英，你去哪儿？

B: 我去给妈妈买生日礼物。

녹음 지문

(3) A: 李先生，你要什么样儿的邮票？

B: 五张四块的。

(4) A: 小英，你去哪儿？

B: 我去图书馆上网。

2 (1) X (2) O (3) X (4) O

(1) A: 小英，你去上网吗？

B: 不，我要先去邮局寄信。

(2) A: 贤秀，你去哪儿换钱？

B: 去学校附近的银行。

녹음 지문

(3) A: 贤秀，我要去剪头发，你去吗？

B: 我不去，我要去帮小英买手机。

(4) A: 多情，你去哪儿学习？

B: 我想去图书馆。你呢？

A: 我想去教学楼。

念 Reading

2 (1) 今天星期五。/ 今天是周五。

(2) "我"想下午去。因为"我"上午有四节课，12点下课。

(3) 明天是中国朋友的生日。

(4) "我"也不知道。

(5) "我"要去学校附近买礼物。

写 Writing

1 (1) wèi (2) máo

(3) jiǎo (4) gàn

(5) fēng (6) jì

(7) tú (8) yòng

2 (1) 邮局 (2) 邮票

(3) 还是 (4) 图书馆

3 (1) 你在干什么呢？

(2) 给家人写信还是手写好。

(3) 我要去邮局寄封信。

(4) 你为什么不做作业呢？

4 (1) 写　　　(2) 发　　　(3) 买

(4) 为什么，什么，什么，哪儿

说 Speaking

1 (1) A: 老师，您去哪儿？

B: 我去教学楼。你呢？

(2) B: 您要什么样儿的房间？

(3) B: 我也想去看看。你给谁买？

A: 给我妹妹买。你说，去哪儿买好呢？

04과

听 Listening

1 (1) 快要　　　　(2) 便宜, 好看

(3) 满意　　　　(4) 清楚

(5) 带

녹음
지문

(1) 我的咖啡快要没有了。

(2) 这件羽绒服又便宜又好看。

(3) 那个房间很好，您一定满意。

(4) 小英，请你说清楚一点儿。

(5) 明天我带妹妹去学校看看。

2 (1) X　(2) O　(3) X　(4) O　(5) O

녹음
지문

(1) A: 贤秀，我想去剪头发，去哪儿剪好呢？

B: 我也不清楚。你问问小英吧！

(2) A: 小林，哪儿的衣服又便宜又好看？

B: 我知道一个地方，就在我家附近。

(3) A: 小英，你去干什么？

B: 我去买饭。

(4) A: 多情，小英的生日快要到了，去给她买个礼物吧！

B: 好哇。

(5) A: 妈妈，我想买一件衣服。

B: 好哇，小英，你想买什么样儿的衣服？

A: 冬天穿的衣服。

念 Reading

2 (1) "我"想给妹妹买礼物。

(2) 买礼物的地方在学校附近。

(3) 很好。又便宜又好看。

(4) "我"不知道。

(5) "我"的同学带"我"去买礼物。

写 Writing

1 (1) hēi　　　　(2) mǎn

(3) chuān　　　(4) dài

(5) yī　　　　(6) dì

(7) dōng　　　(8) jiàn

2 (1) 一定　　　(2) 清楚

(3) 便宜　　　(4) 满意

3 (1) 我想买一件羽绒服。

(2) 林小姐的头发又长又黑。

(3) 我不清楚那个地方在哪儿。

(4) 我可以带你们去。

4 一定，又…又…，一起，快要…了

5 (1) 我爸爸的生日明天就要到了。

(2) 我的羽绒服跟他的一样。

(3) 她又漂亮又可爱。

说 Speaking

1 (1) B: 好哇！买什么样儿的礼物好呢？

(2) A: 多情，一起吃饭吧！

A: 听说学校附近的韩国饭馆儿很好。

(3) A: 你知道哪儿可以上网吗？

A: 你可以带我去吗？

05과

听 Listening

1 (1) ② 贤秀　　　(2) ① 京酱肉丝

(3) ② 韩国人　　(4) ① 点

(5) ② 两个

녹음
지문

(1) A: 小英，一起去吃饭吧！今天贤秀请客。

B: 太好了。

(2) A: 先生，您要点儿什么？

B: 先给我来个京酱肉丝。

(3) A: 贤秀，你的那个朋友是中国人还是韩国人？

B: 他是韩国人。

(4) A: 多情，我可以点一个京酱肉丝吗？

B: 没问题。服务员，来个京酱肉丝。

(5) A: 先生，你们要几个房间？

B: 我们两个人每人要一个。

2 (1) X　　(2) X　　(3) O　　(4) O　　(5) X

(1) A: 我可以喝点儿啤酒吗？

B: 还是喝饮料吧！

(2) A: 贤秀，我们什么时候去剪头发？
上午还是下午？

B: 随便。都可以。

(3) A: 先生，你们要几瓶啤酒？

B: 三个人每人要一瓶。

(4) A: 先生，这是菜单。

B: 好，我先看看。

(5) A: 李老师，学校前边的那个饭馆好不好？

B: 很好。那儿的菜又便宜又好吃！

念 Reading

2 (1) 他们今天想喝一点儿酒。

(2) 不是，明天是周末。

(3) 她想去喝酒。

(4) 贤秀要去叫小英。

写 Writing

1 (1) mò　　　　　　(2) píng

(3) pí　　　　　　(4) liào

(5) shāo　　　　　(6) yǐn

(7) jiǔ　　　　　　(8) cài

2 (1) 菜单　　　　　(2) 周末

(3) 问题　　　　　(4) 服务员

3 (1) 今天我请客，你们随便点。

(2) 他们每人喝一瓶啤酒。

(3) 我想看一下儿菜单。

(4) 你们喝啤酒还是饮料？

4 (1) 瓶　　　(2) 件　　　(3) 座

5 (1) C　　　(2) D　　　(3) D

(4) C　　　(5) B　　　(6) C

说 Speaking

1 (1) A: 你们要啤酒还是饮料？

A: 要几瓶？

(2) A: 您要点儿什么？

B: 来两瓶吧。一共多少钱？

(3) B: 好，请稍等。您想剪什么样儿的？

B: 没问题。您想剪长一点儿还是短一点儿？

06과

听 Listening

1 (1) ② 写作业

(2) ② 回家

(3) ① 给女朋友过生日

(4) ② 衣服有点儿短

(5) ① 去医院

(1) 贤秀，你怎么还在写作业？去喝酒吧！

(2) 小英，我先回家了！我的肚子有点儿疼。

(3) 今天是女朋友的生日，我想请假去给她过生日。

(4) 这件衣服有点儿短，我不想买了。

(5) 我想去上课，可是现在我很不舒服。还是先去医院吧！

2 (1) O　　(2) O　　(3) X　　(4) X　　(5) X

(1) A: 多情，你这件衣服很好看。

B: 好看什么！

(2) A: 贤秀，你怎么还不去上课？

B: 今天我请假了。

(3) A: 李老师，您的病好点儿了吗？

B: 好多了。

(4) A: 贤秀、多情，12点半了，你们怎么还不去吃饭？

B: 我们太忙了，你帮我们买一点儿饭吧！

(5) A: 马先生好点儿了吗？

B: 他的病不要紧，好好儿休息一下就好了。

念 Reading

2 (1) "我"没带弟弟去医院。

(2) 他说他的病不要紧。

(3) "我"给弟弟买了一件衣服。

写 Writing

1 (1) chèn (2) tǎng

(3) shū (4) dù

(5) yuàn (6) téng

(7) jǐn (8) rè

2 (1) 麻烦 (2) 要紧

(3) 医院 (4) 请假

3 (1) 好看多了。

(2) 趁热吃吧。

(3) 我头有点儿疼。

(4) 我要好好儿谢谢你。

4 (1) 怎么 (2) 有点儿 (3) 好

5 (1) C (2) D (3) C (4) B

说 Speaking

1 (1) A: 麻烦什么！

(2) B: 你病了吗？

B: 你想带他去医院看看吗？

(3) A: 你好点儿了吗？

07과

听 Listening

1 (1) ② 不在 (2) ② 还没去

(3) ② 口语课 (4) ① 羽绒服

(5) ② 去马林家

녹음지문

(1) A: 请问，小英在家吗？

B: 她去旅行了。

(2) A: 多情，你们什么时候去买衣服？

B: 吃了饭就去。

(3) A: 贤秀，你们在聊什么呢？

B: 我们在聊我们的口语课呢！

(4) A: 小英，这件羽绒服很漂亮。你要不要买？

B: 我不买。

(5) A: 贤秀，明天你们去哪儿玩儿？

B: 马林邀请我们去他家做客。

2 (1) O (2) O (3) X (4) O (5) O

녹음지문

(1) A: 多情，你可以给我介绍一下儿你们的图书馆吗？

B: 没问题，贤秀。

(2) A: 贤秀，你的头发长了，该剪头发了。

B: 是啊，我想明天去学校里的美发店剪头发。

(3) A: 妈妈，我去邮局寄信就回家。

B: 好，小英，我等你吃饭。

(4) A: 贤秀，你去中国旅行还是学习？

B: 我想一边旅行一边学习汉语。

(5) A: 小英，听说北京图书馆非常好。

B: 对，我常去那儿学习。

念 Reading

2 (1) 明天"我"去北京附近玩儿。

(2) 小英要给"我们"介绍北京。

(3) 太好了。

写 Writing

1 (1) qīn (2) bēi

(3) jiè (4) lǚ

(5) yāo (6) liáng

(7) shào (8) liáo

2 (1) 邀请 (2) 介绍

(3) 心意 (4) 大家

3 (1) 饭菜快要凉了。

(2) 这些衣服都是林小姐的。

(3) 我想一边学习一边旅行。

(4) 我买了羽绒服就回家。

4 (1) 快要…了 (2) 好吃

(3) 就 (4) 才

5 (1) B (2) C (3) D

1 (1) B: 谢谢。你喝咖啡还是饮料?

(2) A: 妈妈在家吗?

A: 她什么时候回来?

(3) A: 你在做什么呢?

A: 什么时候寄?

08과

听 Listening

1 (1) ② 饭馆儿 　　(2) ① 去朋友家

(3) ① 很喜欢 　　(4) ② 医院太远了

(5) ② 不太高兴

녹음 지문

(1) A: 贤秀,下课以后你想去哪儿吃饭?

B: 今天我不想去食堂,想去学校附近的饭店吃。

(2) A: 多情,这个周末你做什么?

B: 有一个中国朋友邀请我去她家做客。

(3) A: 小英,这些韩国菜好吃吗?

B: 很好吃,可是有点儿辣。但我还是很喜欢这些菜。

(4) A: 多情,你病了,怎么不去医院?

B: 医院有点儿远。休息一下就好了。

(5) A: 马林的女朋友要来北京了,他一定很高兴吧!

B: 高兴什么! 他现在没有钱了。

2 (1) "我"很喜欢发E-mail。

(2) 是的。

(3) "我"非常喜欢北京。

녹음 지문

我很喜欢发E-mail,不喜欢写信。发E-mail又快又方便,我来中国以后也常常给我的爸爸、妈妈、韩国朋友发E-mail。北京又大又漂亮,我非常喜欢,明年我还想在北京生活。

念 Reading

2 (1) 星期六"我"和朋友们一起去一家韩国饭馆儿吃饭。

(2) 那个饭馆儿是一个韩国饭店。

(3) 那儿的菜又好吃又便宜,服务员也很热情。

(4) 在那儿啤酒不要钱,可以随便喝。

(5) 上午去剪了头发,下午上网给爸爸、妈妈和朋友发了E-mail。

写 Writing

1 (1) 你知道去教学楼怎么走吗?

(2) 听说学校附近就有一个银行。

(3) 李先生邀请我们去他家吃饭。

(4) 林小姐的头发又长又黑。

(5) 你们喝啤酒还是饮料?

(6) 我肚子有点儿不舒服。

(7) 我想一边学习一边旅行。

2 (1) 又…又… 　　(2) 该…了

(3) 常常,非常 　　(4) 请客,邀请

(5) 方便 　　(6) 一共

说 Speaking

1 (1) B: 麻烦什么。

(2) A: 这是我的一点儿心意。

(3) B: 干杯!

(4) A: 你好点儿了吗?

(5) 下课以后你去银行还是去邮局?

(6) 十点了,我该回家了!

(7) A: 请问,这儿可以换钱吗?

(8) B: 在给妈妈打电话呢。

(9) B: 衣服有点儿长,我不想买了。

09과

听 Listening

1 (1) ① 会 　　(2) ① 能

(3) ② 去图书馆 　　(4) ② 楼下

(5) ② 45个

녹음 지문

(1) 妹妹会骑自行车。

问: 妹妹会骑自行车吗?

(2) 马林会说韩语,可是不会写。

问: 马林能说韩语吗?

(3) 今天下课以后小英要去趟图书馆。

问: 小英下课以后要做什么?

(4) 多情的钥匙放在楼下了。

녹음 지문

问: 多情的钥匙放在哪儿了?

(5) 这三个班每个班有十五个学生。

问: 这三个班一共有多少个学生?

2 (1) X   (2) O   (3) X   (4) O   (5) X

녹음 지문

(1) A: 贤秀, 多情剪头发了吗?

B: 剪了, 可是剪得太短了!

(2) A: 小英, 你的汉语说得很清楚。

B: 谢谢。贤秀, 你的韩语说得也很清楚。

(3) A: 多情, 下课以后我要去锻炼身体, 你去吗?

B: 我还有课, 不能去。

(4) A: 贤秀, 你的手机能不能借我用一下儿?

B: 当然可以。多情, 你太客气了!

(5) A: 小英, 你去哪儿?

B: 我要回趟家, 我去买手机, 可是没带钱。

念 Reading

2 (1) 周末贤秀买了一辆自行车, 是蓝色的。

(2) "我" 不知道买什么样儿的好。

(3) 贤秀能帮 "我" 一起去买。

写 Writing

1 (1) qí   (2) rán

(3) liàn   (4) duàn

(5) liàng   (6) tàng

(7) yào   (8) yán

2 (1) 钥匙   (2) 颜色

(3) 家庭   (4) 锻炼

3 (1) 能不能借我骑骑?

(2) 我骑得非常好。

(3) 骑自行车又方便又便宜。

(4) 放在楼下的车棚里了。

4 (1) ① 趟   (2) ② 可以

(3) ② 放在   (4) ① 玩得

(5) ① 两三

5 (1) D   (2) C   (3) C   (4) A

说 Speaking

1 (1) A: 马林, 你弟弟会说韩语吗?

A: 他说得怎么样?

(2) A: 你的手机是什么颜色的?

B: 蓝色的。

A: 你的呢?

(3) B: 很便宜。3块钱一瓶。

A: 你能喝多少瓶?

10과

听 Listening

1 (1) ② 坐地铁   (2) ① 上个月

(3) ① 三点半以后   (4) ② 坐轻轨

(5) ② 中国菜和韩国菜

녹음 지문

(1) 去天安门很方便, 坐地铁就可以了。

问: 可以怎么去天安门?

(2) 上个月妈妈去北京了。

问: 妈妈什么时候去的北京?

(3) 小英今天下午3:30下课, 下课以后她要去看京剧。

问: 小英什么时候去看京剧?

(4) 现在坐公共汽车一定堵车, 我还是坐轻轨去学校吧!

问: "我" 怎么去学校?

(5) 多情有时吃中国菜, 有时吃韩国菜, 她都喜欢。

问: 多情喜欢吃哪国菜?

2 (1) O   (2) O   (3) X   (4) X   (5) O

녹음 지문

(1) A: 贤秀, 来北京以后, 你坐过地铁吗?

B: 还没有。我想明天坐地铁去看电影。

(2) A: 多情, 你吃没吃过铁板牛柳?

B: 吃过, 非常好吃。

(3) A: 小英, 你每天晚上做什么?

B: 有时看电影, 有时学习。

(4) A: 贤秀, 这个菜单你看懂了吗?

B: 没看懂。

(5) A: 多情, 你们什么时候看的电影?

B: 上个星期六。

2 (1) 很好，地铁和轻轨又快又方便。公共汽车很便宜，可是常常堵车。

(2) "我"坐地铁去上课。

(3) "我"怕堵车，上课会迟到。

写 Writing

1 (1) dǔ　　　　　　(2) zū

(3) qīng　　　　　(4) yīn

(5) zhēn　　　　　(6) mù

(7) jù　　　　　　(8) xì

2 (1) 音乐　　　　　(2) 堵车

(3) 地铁　　　　　(4) 字幕

3 (1) 我这儿有三张戏票。

(2) 你们看过京剧没有？

(3) 我们是坐轻轨和地铁去的。

(4) 有字幕，还有音乐，没问题。

4 有时，非常，以后，过，电影票，一起

5 (1) C　　(2) D　　(3) B　　(4) B　　(5) A

说 Speaking

1 (1) B: 看过。

A: 您是在哪儿看的？

(2) B: 没有，那儿的菜怎么样？

B: 怎么去？

(3) A: 多情，你去哪儿了？

A: 你病了吗？

A: 你是怎么去的？

(4) B: 我没看懂。

A: 没有字幕吗？

11과

听 Listening

1 (1) ① 坐出租车　　(2) ① 星期六晚上

(3) ① 车上　　　　(4) ① 看京剧

(5) ② 起床起晚了

---

(1) A: 小英，今天你是坐公共汽车来的吗？

B: 不是，我是打的来的。

问: 小英今天是怎么来的？

(2) A: 贤秀，你星期六早上回来还是晚上回来？

B: 晚上。

问: 贤秀什么时候回来？

(3) A: 车马上就要开了，你快上来吧！

B: 多情，我再等一会儿。

问: 多情在哪儿？

녹음 지문

(4) A: 多情，学校组织我们明天晚上看京剧。你去吗？

B: 当然去。

问: 明天晚上多情他们做什么？

(5) A: 小英，今天你怎么迟到了？

B: 我起床起晚了。

问: 小英今天为什么迟到了？

2 (1) X　　(2) O　　(3) X　　(4) X　　(5) O

(1) A: 那个饭店有什么好吃的吗？

B: 当然有，特别多。

(2) A: 小英，你什么时候回来？

B: 马上。

녹음 지문

(3) A: 贤秀，你再喝一瓶酒吧！

B: 对不起，我不能再喝了。

(4) A: 马林，北京的名胜古迹你都去过吗？

B: 还有好多我没去过呢！

(5) A: 妈妈，你什么时候回家来？

B: 小英，我周六早上回去。

念 Reading

2 (1) 周末"我"想组织朋友们一起出去玩儿。

(2) "我们"可以坐公共汽车去，也可以坐火车去，也可以开车去。

(3) 很好。因为坐火车、坐公共汽车可以省很多钱。

(4) "我们"能开车去。

写 Writing

1 (1) tōng　　　　　(2) zǔ

(3) shěng　　　　　(4) shèng

(5) jì   (6) gǎn

(7) xiǎn   (8) liè

2 (1) 许多   (2) 时间

   (3) 组织   (4) 对不起

3 (1) 周末学校组织去大同旅行。

   (2) 又省时间又省钱。

   (3) 我还有一个朋友没来呢。

   (4) 我没赶上学校的车，是打的过来的。

4 (1) ① 再   (2) ② 又

   (3) ① 好   (4) ② 什么

   (5) ① 进教学楼去了

5 (1) 小英上楼去了。

   (2) 妈妈，我今天下午要回学校去。

   (3) 汽车不能开进公园里来。

   (4) 今天他带来了一封信。

   (5) 他给妹妹带来了几件礼物。

说 Speaking

1 (1) B: 没关系。<u>你是怎么来的？</u>

       B: <u>你没赶上学校的车吗？</u>

   (2) A: 贤秀，<u>快上来。</u>

       A: <u>你等谁呢？</u>

   (3) A: 马林，<u>我们学校附近有没有什么好玩儿的？</u>

       A: <u>在哪儿？</u>

12과

听 Listening

1 (1) ② 单人间   (2) ② 还不知道

   (3) ② 多情   (4) ① 13817866574

   (5) ② 大同

녹음 지문

   (1) A: 请问，有单人间吗？多少钱？

       B: 有，每天100块钱。

       问:"我"想要什么样儿的房间？

   (2) A: 贤秀、多情，明天你们打算去哪儿玩儿？

       B: 我们还没商量出结果呢！我想去看名胜古迹，多情想去看京剧。

       问: 贤秀和多情明天去哪儿玩儿？

   (3) A: 小英，你看，贤秀的自行车130块钱，很便宜吧？

       B: 可是多情的更便宜。

       问: 谁的自行车更便宜？

   (4) A: 李小姐，请留一下您的电话号码。

       B: 13817866574。

       问: 李小姐的电话号码是多少？

   (5) A: 马林，新年我们去哪儿玩儿好呢？大同还是苏杭？

       B: 我不太喜欢苏杭，我们应该去大同。

       问: 马林新年想去哪儿玩儿？

2 (1) O   (2) X   (3) X   (4) X   (5) O

녹음 지문

   (1) 这家宾馆没有套间了，我们订一个标准间吧！

   (2) 明天去不去看京剧，我们还没商量出结果。

   (3) 贤秀，火车要开了，你应该马上上去。

   (4) 小英查来查去也没查到张老师的电话号码。

   (5) 李先生，请留下您的电话，我们商量出结果就给您打电话。

念 Reading

2 (1) 小狗。

   (2) 他们没看到一只好看的小狗。

   (3) 小兔，因为小兔更可爱。

写 Writing

1 (1) yù   (2) gèng

   (3) bīn   (4) yīng

   (5) táng   (6) jié

   (7) tào   (8) dìng

2 (1) 打算   (2) 建议

   (3) 留   (4) 商量

3 (1) 你们打算去哪儿玩儿玩儿吗？

   (2) 商量来商量去也没商量出结果。

   (3) 标准间多少钱？

   (4) 上有天堂，下有苏杭嘛！

4 (1) ② 以后   (2) ① 建议

   (3) ① 出   (4) ② 再

5 (1) C　　　(2) D　　　(3) C　　　(4) D

1 (1) A: 马林、小英，<u>你们在商量什么呢？</u>

　　　A: <u>商量出结果了吗？</u>

　(2) B: <u>我们想订京剧票。</u>

　　　B: <u>有没有更便宜的？</u>

　(3) B: <u>当然可以。可是你怎么不打呢？</u>

　　　B: <u>你想订什么样儿的房间？</u>

13과

听 Listening

1 (1) ② 没买　　　　(2) ② 五瓶

　(3) ① 带了　　　　(4) ② 不知道

　(5) ② 21：00

녹음
지문

　(1) A: 多情，你帮我买邮票了吗？

　　　B: 哎呀，贤秀，我忘了。

　　　问: 多情有没有帮贤秀买邮票？

　(2) A: 马林，你们一共喝了几瓶酒？

　　　B: 我喝了三瓶，贤秀喝了两瓶。

　　　问: 马林和贤秀一共喝了几瓶酒？

　(3) A: 贤秀，你给朋友带礼物了吗？

　　　B: 当然带了，可是我差点儿忘了。

　　　问: 贤秀有没有给朋友带礼物？

　(4) A: 小英，你知道今天的汇率是多少吗？

　　　B: 不知道。要是我知道了，我就给你打电话。

　　　问: 小英知道今天的汇率吗？

　(5) A: 爸爸，你明天什么时候的火车？

　　　B: 晚上九点的。

　　　问: 爸爸明天什么时候的火车？

2 (1) X　　(2) O　　(3) X　　(4) O　　(5) O

녹음
지문

　(1) A: 马林，你看懂那个韩国电影了吗？

　　　B: 差不多吧。

　(2) A: 贤秀，你赶上学校的车了吗？

　　　B: 我差点儿就赶上了。

　(3) A: 多情，在中国，你别说韩语了。

　　　B: 好的。

녹음
지문

　(4) A: 小英，这两个箱子里都是你的东西吗？

　　　B: 有一个是帮朋友带的。

　(5) A: 多情，你喜欢唱歌还是喜欢跳舞？

　　　B: 我都喜欢。

念 Reading

2 (1) 我的美国朋友们非常喜欢开晚会。

　(2) 在晚会上他们吃东西、聊天什么的，有时侯也唱歌、跳舞。

　(3) 他们唱歌唱得很好，跳舞也跳得很漂亮。

　(4) 我会去晚会。

写 Writing

1 (1) bié　　　　(2) wàng

　(3) gē　　　　(4) wǔ

　(5) dōng　　　(6) fēi

　(7) mù　　　　(8) xiāng

2 (1) 游戏　　　　(2) 跳舞

　(3) 收拾　　　　(4) 生气

3 (1) 别忘了带护照。

　(2) 要是有时间，你们也去吧。

　(3) 晚会上都有什么节目？

　(4) 你们的东西收拾得差不多了吧？

4 (1) ① 要是　　　(2) ② 什么的

　(3) ① 差不多　　(4) ② 不

5 (1) C　　　(2) B　　　(3) D　　　(4) A

说 Speaking

1 (1) A: 李老师，您好！<u>您要去哪儿？</u>

　　　B: 我要去杭州。你呢？

　　　A: 我也要去杭州。<u>您是什么时候的火车？</u>

　(2) A: 明天你们打算做什么？

　　　B: 太好了！<u>要是你有时间就帮一下儿吧。</u>

　(3) B: <u>京酱肉丝、铁板牛柳什么的。</u>

　　　A: 你喝啤酒还是饮料？

　(4) A: 听说你去看京剧了，<u>你都看懂了吗？</u>

　　　A: <u>你是怎么去的？</u>

1 (1) ② 不用　　　　　 (2) ② 飞机场

(3) ② 坐出租车　　　　 (4) ① 在多情手里

(5) ② 在马林左边儿

녹음
지문

(1) A: 请问，我的这个箱子要托运吗？

B: 不用了，你随身带着就行。

问："我"的箱子用不用托运？

(2) A: 先生，请把身份证和登机牌给我看看。

B: 好的。

问: 这是在哪儿？

(3) A: 小英，我们还等公共汽车吗？

B: 算了，我们打的吧。

问: 小英打算怎么去？

(4) A: 贤秀，我的手机在哪儿？

B: 多情，手机就在你手里拿着呢。

问: 多情的手机在哪儿？

(5) A: 小英，你的咖啡放在哪儿了？

B: 在你左边儿，马林。

问: 小英的咖啡放在哪儿了？

2 (1) X　　(2) O　　(3) X　　(4) X　　(5) O

녹음
지문

(1) A: 多情，我要去买一些东西。

B: 行，你去吧，我帮你看着自行车。

(2) A: 马林，你今天的作业交了吗？

B: 哎呀，我忘交了。

(3) A: 小英，你有没有要托运的行李？

B: 我有两件大的要托运，小的我带着。

(4) A: 我们今天晚上出去吃饭吧！

B: 算了，我做吧。

(5) A: 李老师，今天您坐公共汽车回家吗？

B: 今天我不太忙，走回去算了。

2 (1) 马林送给"我"中国菜的菜单。

(2) 点菜的时候非常方便。

(3) 菜单里的菜"我"差不多都吃过了。

1 (1) chāo　　　　　　 (2) ná

(3) tuō　　　　　　　 (4) zhòng

(5) suàn　　　　　　 (6) pái

(7) yùn　　　　　　　 (8) jiāo

2 (1) 行李　　　　　　 (2) 随身

(3) 超重　　　　　　 (4) 公斤

3 (1) 两个箱子都要托运吗？

(2) 要拿出一些来吗？

(3) 护照和机票给我看看。

(4) 小箱子放我这儿，我看着。

4 (1) ① 上去　　　　　 (2) ② 躺着

(3) ② 放好　　　　　 (4) ① 随便

(5) ① 一些

5 收拾，什么的，放，超重，算了

1 (1) B: 他躺着呢。

(2) B: 她坐着呢。

(3) B: 小英拿着呢。

(4) B: 在教学楼前边的车棚里放着呢。

1 (1) ① 30分钟　　　　 (2) ② 地铁晚点了

(3) ① 吃早饭　　　　 (4) ① 游览天安门

(5) ② 上了很长时间的课

녹음
지문

(1) A: 小英，你等了很久了吧。

B: 等了半个小时。

问: 小英等了多长时间？

(2) A: 贤秀，你怎么迟到了？起晚了吗？

B: 地铁晚点了。

问: 贤秀为什么来晚了？

(3) A: 今天你们怎么安排的？

B: 我们先去吃早饭，然后游览西湖。

问:"我们"先做什么？

(4) A: 小英，要是你有时间，明天我们去天安
门转转吧？

B: 好哇，贤秀。明天我不想学习，叫多情
也一起去吧。

问: 小英明天做什么？

(5) A: 马林，你累不累？

B: 当然累，今天我上了六个小时的课。

问: 马林为什么很累？

2 (1) O　　(2) X　　(3) O　　(4) X　　(5) O

(1) A: 今天小英病了。

B: 怪不得她没来上课。

(2) A: 马林，今天是不是迟到了？

B: 今天轻轨晚点了，我差一点迟到了。

(3) A: 贤秀，你做作业了吗？

B: 做了，可是我做了两个小时才做好。

(4) A: 小英，明天我要去西湖。

B: 多情，别忘了品尝西湖醋鱼。

(5) A: 明天我先去上课，然后再去图书馆。

B: 贤秀，我跟你一起去图书馆吧！

念 Reading

2 (1) 我和小英打算去天安门附近转转。
(2)"我们"班下课晚了。
(3) 小英等了"我"两个小时。
(4)"我们"是坐地铁去天安门的。/
因为"我们"怕坐出租车堵车，就坐地铁去了。
(5) 北京的地铁非常好。因为又快又方便。

写 Writing

1 (1) cù　　　　　(2) wén
(3) chuán　　　(4) jǐng
(5) zhuàn　　　(6) lǎn
(7) kǔ　　　　 (8) cháng

2 (1) 晚点　　　　(2) 安排
(3) 怪不得　　　(4) 客随主便

3 (1) 我们先去西湖边转转吧。
(2) 路上辛苦了。
(3) 晚上我们就可以品尝了。
(4) 真是百闻不如一见。

4 (1) ① 然后　　　　(2) ① 分
(3) ② 晚　　　　(4) ② 再

5 (1) C　　(2) C　　(3) D　　(4) C

说 Speaking

1 (1) A: 你每天学习几个小时？

B: 我每天学习四个小时。你呢？

A: 我跟你一样。你学了多长时间了？

(2) A: 小英，你想喝什么？

B: 还是喝饮料吧。

(3) A: 你们是怎么游览西湖的？

A: 你们游览了多长时间？

(4) B: 会晚点多长时间？

16과

听 Listening

1 (1) ① 非常好　　　(2) ② 五或六个小时
(3) ① 标准间　　　(4) ② 去寄信
(5) ② 坐飞机

(1) A: 多情，听说你去旅行了，玩儿得好不
好？

B: 玩儿得非常开心。

问: 多情玩儿得好不好？

(2) A: 小英，杭州远不远？

B: 有点儿远。我们要坐五六个小时的火
车。

问: 坐火车去杭州要多长时间？

(3) A: 您好。请问，您要订什么样儿的房间？
标准间还是套间？

B: 我订两个标准间。

问:"我"要订什么样儿的房间？

(4) A: 小英，今天下午你做什么？

B: 我先去邮局寄信，然后就回家。

问: 小英今天下午要做什么？

(5) A: 贤秀，你是坐火车去的杭州吗？

B: 不是，我是坐飞机去的。

问: 贤秀是怎么去的杭州？

2 (1) O (2) X (3) O (4) O (5) O

녹음
지문

(1) A: 贤秀，你想买羽绒服吗？
    B: 我已经买了。
(2) A: 多情，你怎么没坐学校的车去天安门？
    B: 我没赶上。我到的时候，学校的车已经走了。
(3) A: 贤秀，你买飞机票了吗？
    B: 好险哪，我差点儿没买到。
(4) A: 小英、马林，你们商量什么呢？
    B: 我们商量新年的时候去哪儿玩儿呢！
(5) A: 马林，今天下午你怎么没陪贤秀去买衣服？
    B: 哎呀，我忘了。

念 Reading

1 (1) 我不会做一些韩国的名菜。
(2) 那家美发店剪头发剪得不好。
(3) 我没品尝过杭州的西湖醋鱼。
(4) 她没进教学楼。
(5) 我进房间的时候，他没躺着。
(6) 我没买回韩国的机票。

2 (1) 从我家到学校不太近。
(2) 我常常坐地铁去学校。
(3) 坐地铁去学校要半个小时。
(4) 坐出租车去学校要二十分钟。

写 Writing

1 (1) 能不能借我骑骑？
(2) 你们看过京剧没有？
(3) 又省时间又省钱。
(4) 商量来商量去也没商量出结果。
(5) 你们的东西收拾得差不多了吧？

2 (1) ① 再   (2) ② 趟
(3) ② 可以   (4) ① 有时
(5) ② 过   (6) ① 上来
(7) ① 别   (8) ① 要是

说 Speaking

1 (1) B: 怪不得他的汉语那么好。
(2) B: 周末我们打算先去图书馆学习，然后再去看电影。
(3) B: 下星期我生日的时候，就可以品尝了。
(4) B: 下课以后，马上去订吧。
(5) B: 要是有时间，我就去。

MEMO

MEMO